D0887953

POUR UN NOUVEL HUMANISME

Jacques Grand'Maison

Pour un nouvel humanisme

FIDES

Catalogage avant publication de Bibliothèque et Archives nationales du Québec
et Bibliothèque et Archives Canada

Grand'Maison, Jacques, 1931-

Réenchanter la vie

Sommaire : t. 1. Essai sur le discernement spirituel -- t. 2. Du jardin secret aux appels de la vie -- t. 3.
Pour un nouvel humanisme.

ISBN 2-7621-2462-X (v. 1)
ISBN 2-7621-2620-7 (v. 2)
ISBN 978-2-7621-2805-5 (v. 3)

1. Vie spirituelle. 2. Foi. 3. Croyance et doute. 4. Discernement chrétien.
5. Humanisme - Aspect religieux. I. Titre. II. Titre : Essai sur le discernement spirituel.
III. Titre : Du jardin secret aux appels de la vie. IV. Titre : Pour un nouvel humanisme.

BL624.G73 2002   204   C2002-941202-1

Dépôt légal : 3ᵉ trimestre 2007
Bibliothèque et Archives nationales du Québec
© Éditions Fides, 2007

Les Éditions Fides reconnaissent l'aide financière du Gouvernement du Canada par l'entremise du
Programme d'aide au développement de l'industrie de l'édition (PADIÉ) pour leurs activités d'édition.
Les Éditions Fides remercient de leur soutien financier le Conseil des Arts du Canada et la Société
de développement des entreprises culturelles du Québec (SODEC). Les Éditions Fides bénéficient
du Programme de crédit d'impôt pour l'édition de livres du Gouvernement du Québec, géré par la
SODEC.

Imprimé au Canada en août 2007

On ne possède pas la vérité,
on a besoin de la vérité des autres.

Pour dialoguer ou faire route ensemble,
il faut bien reconnaître
qu'à vue d'humanité, nos postures de base
tiennent de la plausibilité et non de l'absolu.

Avant-propos

En entreprenant cet ouvrage, je me disais que c'est peut-être le dernier de ma vie. Tous les précédents relevaient du souci des enjeux collectifs. Ce qui laissait peu de place à mon propre itinéraire singulier. Quel intérêt celui-ci pouvait-il avoir en regard de la vastitude de la grande histoire d'hier et d'aujourd'hui, et des innombrables histoires de vie de mes contemporains? Avec cette conviction que j'ai reçu mille fois plus des autres que ce que j'ai pu leur apporter. Ce qui ajoutait à mon refus d'écrire mes propres mémoires.

Cette fois, le sujet que j'aborde se rattache à ce que j'ai de plus personnel dans ma vie et mes engagements. Je suis prêtre depuis cinquante ans. C'est avec cette identité socle que je me suis investi aussi bien dans mes tâches profanes que religieuses. De tous les statuts sociaux, le mien a été le plus dévalué dans ma société, jusqu'à devenir objet de suspicion et parfois de dérision. Un résidu de la Grande Noirceur, quoi! Pour un intellectuel, au Québec, c'est peut-être la pire posture. Et pourtant, je ne me suis jamais perçu en ces termes, parce que j'avais la conviction de l'importance de l'intelligence religieuse de la condition humaine. Une intelligence parmi d'autres: historique, culturelle, politique, juridique, morale et bien sûr, philosophique et scientifique.

J'avoue que cet ouvrage est marqué par une colère, celle que suscitent en moi tant de propos qui réduisent l'expérience religieuse à l'irrationalité la plus radicale, comme si on ignorait que des milliards d'êtres humains y trouvent une précieuse signification dans leur vie. Supprimer le langage de la foi et les médiations religieuses, c'est faire fi de plusieurs voies et voix d'accès à l'âme humaine, c'est rejeter bêtement d'immenses pans de l'histoire, de ses grands récits, et des œuvres majeures que la religion a inspirées. Je pense ici au merveilleux chapitre sur Beethoven qu'a écrit Pierre Vadeboncœur dans son ouvrage *Essais sur la croyance et l'incroyance*[1]. Comment réduire à un objet muséal ce qui demeure encore une foi brûlante qui chante et enchante nos âmes? L'Occident laïque risque de s'assécher vite sans ses sources spirituelles historiques, qui sont loin d'être étrangères au rayonnement de ses valeurs les plus chères.

Heureusement, il existe encore aujourd'hui des penseurs, des créateurs, des témoins de ce patrimoine si riche. Éric-Emmanuel Schmitt en est un exemple on ne peut plus inspirant. Et que dire de ces huit cents ans de musique sacrée, souvent sublime, qui ont marqué notre propre civilisation. Mais il y a tant de discours actuels qui disqualifient et discréditent tout ce qu'il y a de religieux. Bien sûr, je respecte ceux qui n'ont aucune adhésion religieuse, mais je ne saurais blairer ce mépris de certains d'entre eux pour les esprits religieux, comme s'ils étaient totalement aliénés de leur humanité.

Comme chez plusieurs chrétiens, ma foi n'a cessé de donner de l'âme et de la profondeur à mes convictions, à mes tâches même les plus matérielles. Que d'autres que nous trouvent ailleurs des sources d'inspiration non religieuse, je le reconnais sans peine et avec respect. L'aveuglement et l'im-

---

1. Pierre Vadeboncœur, *Essais sur la croyance et l'incroyance*, Montréal, Bellarmin, 2005.

posture sont d'un autre ordre. Telle cette incroyable légèreté snobinarde antireligieuse à l'œil noir, à l'humour gluant, au préjugé de parade, avec les mêmes stéréotypes ignares de notre propre évolution et de nos apports à la société, fût-ce nos modestes contributions en générosité sociale dans divers milieux de vie. S'agit-il de sens critique, nous l'exerçons dans nos églises avec plus de liberté qu'on ne le dit.

Je vous entends si souvent rivaliser d'accusations rédhibitoires, et d'ironie. Et je pense à un critique de Michel Foucault qui disait de lui : «Il se veut le plus grand, le plus sublime accusateur de notre civilisation occidentale.»

Depuis un bon moment, ici au Québec, je constate l'absence de retour critique sur les conséquences de la rupture globale et abrupte de nos premières identités historiques. C'est même un tabou de se prêter à un tel examen que réclame l'honnêteté intellectuelle. Dans d'autres ouvrages, j'ai souligné certaines conséquences sociales et politiques de cette table rase, telles l'identité incertaine, l'indécision, la difficulté de s'inscrire dans le temps, la fuite dans une prétendue ouverture dite progressiste à n'importe quoi et la déprime devant les limites du pays réel. J'ai formulé cette hypothèse : à savoir la relation possible entre nos rapports à la société et nos rapports à la religion. Par exemple, la foi en nous-mêmes, en nos institutions, en notre avenir comme peuple. Cette crise d'espérance mine notre tonus moral.

Je n'ose parler ici de crise morale, parce que c'est là un autre tabou fort répandu face à cette requête d'examiner nos rapports au normatif ainsi que nos pratiques permissives sans l'intelligence du rôle de la limite dans l'humanisation et la socialisation de la conduite individuelle et collective. Une autre question interdite chez beaucoup de nos bien-pensants. À ce chapitre, je suis très étonné du silence de plusieurs psychiatres, psychologues et sociologues.

Ces requêtes n'ont rien à voir avec un conservatisme borné, éculé ou régressif. Il s'agit plutôt de la viabilité critique et dynamique du vivre ensemble, de l'agir ensemble. Ce sont là des enjeux anthropologiques fondamentaux infra-religieux et infra-moraux qui concernent tout autant une société laïque. Comme chrétien, je suis à l'aise avec une laïcité intelligente, pertinente, cohérente avec les assises anthropologiques.

Historiquement, jusqu'au siècle des Lumières, et chez nous plus longtemps, les religions ont médiatisé ces couches profondes de l'âme et de la conscience humaine. Là où se logent des ressorts importants de foi, d'espérance, de transcendance, de convictions fermes et durables. C'est ce que rappelle Jean-Claude Guillebaud dans son ouvrage *La force de conviction*[2]. «Nul ne peut vivre sans croyance. Aucune société humaine ne peut se tenir debout sans une conviction minimale qui la maintienne debout.» Et Hans Jonas d'ajouter que ce n'est pas seulement du monde que nous nous méfions, ce n'est pas seulement des croyances des autres, c'est aussi de nous-mêmes. Il en va de la croyance un peu comme de la sexualité refoulée qui rebondit «sauvagement». D'où ce retour de la crédulité, bien différent d'une véritable croyance éprouvée capable de critique d'elle-même et de ses limites.

Certes, nous croyons toujours, mais c'est à la carte, souvent au gré des modes passagères. Tout le contraire des croyances fondatrices de civilisations et de sauts qualitatifs d'humanisation. Max Weber disait que la politique est le goût de l'avenir. Quand le moi n'a ni avant ni après lui, il abolit d'abord la foi en l'avenir. Combien de situations existentielles d'aujourd'hui réclament un acte de foi? Par exemple, mettre un enfant au monde devient plus qu'un acte de nature ou de raison, c'est souvent un acte de foi.

---

2. Jean-Claude Guillebaud, *La force de conviction*, Paris, Seuil, 2005.

Tout se joue entre l'avoir, le pouvoir et le savoir, mais qu'en est-il du croire? Certes nous avons appris à ne plus lui laisser toute la place. Et ce fut un progrès. Mais de là à refuser la possibilité d'une croyance solide, fondée, ouverte et non dogmatique, c'est là une tout autre affaire. On devrait s'inquiéter davantage du climat de dérision et de raillerie qui prévaut dans notre société médiatique. Comme éducateur, je m'interroge sur la portée mortifère de ce fond de désespérance et de désenchantement qui a même envahi notre propre champ culturel, pourtant si prometteur en créativité.

Mais on a peu évalué les effets encore souterrains des pseudo-célébrations de la téléréalité avec les larges complicités du public adulte. L'échangisme, pignon sur rue, juridiquement désanctionné par la Cour suprême, n'a pas pris en compte l'extension médiatique de ce phénomène social. Et dire qu'on se dit encore dans une société répressive à vue de mémoire de la Grande Noirceur. Pourtant nos ancêtres dits aliénés par la morale religieuse y verraient sans doute une dévaluation de la dignité humaine. Il y a des barbaries qui s'ignorent, surtout quand on réduit au moralisme des croyances qui nous élèvent en humanité et en dignité. Dans *La pensée sauvage*, Claude Lévi-Strauss a bien analysé cet aveuglement. Et Montaigne, lui aussi, a su bien discerner ce qui «bride le jugement de toutes parts».

Mais bien au-delà de cette morale qui se veut sans croyance, il y a d'autres réductions de celle-ci. Le concept de «mauvaise foi» chez Jean-Paul Sartre s'applique à plusieurs formes de *décroyance* qui au nom de la biologie (l'homme neuronal), qui au nom de la psychologie (la névrose), qui au nom du libéralisme (l'exclusion des non-performants), qui au nom d'une nouvelle pression sociale (celle de se déclarer incroyant), qui au nom de l'incertitude érigée en nihilisme (ultime désarroi d'une certaine modernité sur le terrain de la croyance).

La croyance aveugle

Mais on me dira, avec raison, qu'il y a aussi des croyances aveugles, aliénantes, enfermantes. Et pas seulement dans l'univers de la religiosité superstitieuse et crédule. La religion est un vaste champ humain qui se prête au dogmatisme étouffant jusqu'au fond des consciences. Il faut se méfier des croyances sans vis-à-vis éthique et philosophique. À ce chapitre, les croyances non religieuses comme celles des idéologies laïques totalitaires n'ont rien à envier au dogmatisme religieux. Toutes deux refusent le doute, le questionnement, l'examen critique. Au début de ce troisième millénaire, l'amalgame de la politique et de la religion chez les fondamentalistes de tout crin, outre sa réémergence inattendue et son expansion arborescente, suscite une *décrédibilisation*, peut-être sans précédent, du religieux. Au point que bien des contemporains veulent évacuer celui-ci de tout l'espace public, pour le refouler dans les marges de la vie privée. Jean-Claude Guillebaud, déjà cité, étend le phénomène à la crise des croyances collectives avec le risque de sombrer dans l'anomie. On se rappellera ici que le mot «anomie», du grec *anomia*, désigne la disparition des valeurs communes. Pensons aux débats actuels autour des revendications particularistes au nom du multiculturalisme et du pluralisme religieux, qui rendent problématique la constitution d'un monde commun. Celui-ci n'est-il pas une requête d'une société viable, et encore plus d'une véritable démocratie? Comment contrer ces déraisons? se demande Guillebaud. Sûrement pas par un relativisme capitulard. Il faut des convictions communes fortes, raisonnables, et de profondeur morale et spirituelle. À ce chapitre, Castoriadis s'inquiète du «délabrement» de l'Occident et du refus de le reconnaître comme tel. Celui-ci aurait bien besoin de ses sources historiques culturelles, morales et spirituelles pour se redonner une robuste résilience face aux nouveaux défis d'aujourd'hui. Il

doit bien y avoir une part de vérité dans ces propos de Guillebaud qui ne concernent pas seulement l'Europe :

> Les économies européennes ne souffrent pas seulement du coût
> comparativement trop élevé de leurs productions. Elles paient
> déjà au prix fort les conséquences de ce qu'on pourrait appeler
> leur démoralisation, qui est elle-même un pur produit de l'anomie
> générale. Une société qui collectivement «ne croit plus» perd *ipso
> facto* toute foi en elle-même. Une société dont le cynisme et le
> quant-à-soi généralisés démonétisent les institutions, à commencer
> par l'État, n'est plus capable de rassembler l'énergie requise pour
> faire face. Quand les croyances communes les plus élémentaires
> font défaut, manque aussi la capacité de se mobiliser autour d'un
> projet politique, industriel, scientifique ou éducatif [3].

Ici aussi, au Québec

Quand je lis ce diagnostic, je pense aux nombreux projets
collectifs récents au Québec qui ont avorté. La liste est longue
et lourde de conséquences. On n'ose en faire le bilan et l'évaluer lucidement et franchement. Il y a derrière ces échecs le
drame de la brisure de profonds ressorts, dont la perte de foi
en nous-mêmes, en notre société et en nos institutions n'est
pas le moindre. Les faux-fuyants sont nombreux pour éviter
pareille prise en compte.

Dans une culture narcissique, on cultive une image de soi
et de son monde qui masque ses propres limites. Il en est
ainsi de sa projection dans la perception de la société. J'ai déjà
évoqué l'alternance de l'exaltation de soi et de la déprime
devant ses propres limites individuelles ; de même dans notre
société : de l'autoproclamation du progressisme le plus avancé
de notre société au découragement devant les déficits de notre
société. Cet examen est insupportable. D'aucuns y voient un
pessimisme stérile, d'autres, un comportement d'«éteignoir»

3. Jean-Claude Guillebaud, *op. cit.*, p. 288-289.

détestable. Ce refus s'accompagne de stéréotypes critiques : nostalgie du passé, conservatisme, moralisme, spiritualisme. Mais d'où vient donc cette crise souterraine de foi en nous-mêmes ? N'a-t-elle pas des effets délétères et paralysants aussi bien en politique que dans le fond des consciences ? Qu'en est-il de notre *tonus moral*, au sens premier du terme, à savoir la capacité de se donner des convictions robustes, constructives et durables ? Le premier spirituel se loge dans cette profondeur de notre humanité. Je ne connais pas grand-chose qui puisse remplacer la force d'âme. Le culte d'un beau corps robuste n'a pas de correspondant dans la psyché et l'âme. Plutôt le mou, le facile, la recette, le prêt-à-porter, la mode à suivre, le divertissant, le *zapping*, l'horoscope du jour, le tourisme comme supplément d'âme, le décrochage ennobli en «lâcher prise», le studio de massage. On ne compte plus ces fuites et dérives émollientes quotidiennes qui minent le tonus nécessaire pour affronter les inévitables luttes de la vie et les requêtes d'engagements durables. Du coup, l'enjeu humain de la foi, comme moteur de motivation déterminante et de dépassement, reprend toute son importance au plan collectif comme au plan individuel. Cette conviction s'enracine dans toute l'histoire de l'humanité et de ses sauts qualitatifs libérateurs et civilisateurs. Ce qui a fait dire à plusieurs historiens comme Mircea Eliade, Baubérot et Delumeau que c'est dans la foi que l'être humain prend position à l'égard de l'ensemble de la réalité. Ce qui dépasse les savoirs et les croyances avec leurs particularités. Y aurait-il là une référence critique pour qualifier la crise de nos indécisions, de nos difficultés à «prendre position» d'une façon déterminée et déterminante ? Y aurait-il là aussi une conséquence du type de rupture historique que nous avons faite dans notre parcours récent ? À tort ou à raison, je pense que c'est là une hypothèse qui mérite d'être examinée. À ce que je sache, on ne s'est pas prêté à un tel questionnement.

Et je soupçonne que c'est même un de nos tabous reliés à notre dichotomie : désenchantement du passé et du présent, et progressisme vécu artificiellement comme une promesse de lendemains qui chantent. On ne peut prendre position fermement sur ce balancement entre illusion et désillusion. Charles Taylor n'a pas tort d'écrire ceci :

> Le risque interne (à nos sociétés) ne réside pas tant dans un contrôle despotique que dans la fragmentation, c'est-à-dire l'inaptitude de plus en plus grande chez des gens à former un projet commun et à le mettre à exécution [...] Cette fragmentation naît en partie de l'amoindrissement des liens de sympathie, et elle se nourrit en partie d'elle-même à cause de l'échec démocratique : plus l'électorat se fragmente, plus il transfère son énergie politique à des groupes minoritaires, et moins il est possible de mobiliser des majorités démocratiques autour de politiques et de programmes communs[4].

À défaut de quoi, « le citoyen de nos pays est devant une alternative : soit il rêve à une autonomie individuelle intégrale (je ne crois qu'en moi-même), soit il se met en quête d'une microcommunauté de remplacement. Celle-ci peut être ethnique, religieuse, sexuelle, régionaliste ou autre [...] Les enfermements identitaires deviennent alors quasi paranoïaques, et d'autant plus dangereux. Lorsqu'une foi particulière est vécue comme une identité refuge, elle tend à se durcir en se clôturant. Alors le besoin de croire débouche sur une mutation régressive de la croyance elle-même. Plus l'identité est circonscrite ou minoritaire, plus elle tend à l'intolérance[5] ».

Dans un tel contexte, la laïcité démocratique peut être libératrice de ces croyances étrangères les unes aux autres qui débouchent paradoxalement sur une *décroyance* globale. Cela ne se joue pas seulement au plan religieux, comme on vient

---

4. Charles Taylor, *Le malaise de la modernité*, Paris, Cerf, p. 118-119.

5. Jean-Claude Guillebaud, *op. cit.*, p. 290-291. Voir aussi Amin Maalouf, *Les identités meurtrières*, Paris, Le livre de poche, 2001.

de le voir. *On ne possède pas la vérité, on a besoin de la vérité des autres.* Levinas l'a montré bellement. Mais l'univers laïque, lui aussi, peut être mystificateur. Pensons aux idéologies totalitaires vécues comme des religions séculières on ne peut plus contraignantes qui abolissent toutes les médiations de la société civile. Dans nos sociétés sécularisées «ouvertes», d'étonnants glissements se produisent. Pierre Legendre a bien analysé une tendance du juridisme contemporain à remplacer la croyance et la morale par le droit. Combien jouent leur droit comme un *deus ex machina*? Même des jugements de cour sont purs décalques des mœurs ambiantes sans distance anthropologique, philosophique, éthique ou autre. Plus largement, le recours intempestif et magique au Droit et aux droits remplace trop souvent l'atonie des croyances fondatrices des valeurs éprouvées de notre civilisation. Ici d'autres glissements de pente savonneuse se produisent quand on ramène cette critique à un conservatisme borné ou même répressif. Et cela sans se rendre compte de la confusion mentale et sociale qui se répand dans la population. C'est ainsi qu'on bivouaque dans le flou des opinions du moment.

Face à ce flou des repères, des références dans le champ des pratiques et même dans l'utilisation de la Constitution et de la Charte des droits, des esprits laïques commencent à s'interroger sur l'absence de transcendance collective. «Une forme de sacré nous serait-elle nécessaire pour vivre ensemble?» Chez de nombreux contemporains, déjà leur priorisation de la valeur du *respect* recèle peut-être un appel au sacré. «Ça, c'est sacré, je respecte cela radicalement.» Prise de conscience, ici, de ce que les Grecs appelaient l'*hubris*, la démesure, l'absence de limites. J'ai déjà évoqué plus haut cette nouvelle conscience critique prometteuse. L'anthropologie nous a déjà appris les rôles fondateur, libérateur et civilisateur de l'interdit dans la constitution de la société humaine. L'interdit avait un sens sacral, un sens moral et un sens social qui se complétaient et se limitaient mutuellement. Cette économie de base de notre humanisation tout au long de l'histoire n'est-elle pas sapée par une permissivité tous azimuts? Un tel propos révulse les gens qui ont congédié cette mémoire du savoir anthropologique. Congédiement même chez beaucoup d'instruits d'aujourd'hui qui laissent en plan les nouveaux possibles de réappropriations, de réinterprétations et de dépassements judicieux de cet héritage souvent relié à la conscience religieuse. À ce chapitre, les esprits laïques et les esprits religieux peuvent chercher ensemble. Reste à savoir si, ici au Québec, on peut s'ouvrir à cette aventure qui s'amorce dans d'autres sociétés occidentales. «Cette volonté de faire route ensemble», selon l'expression heureuse de Paul Ricœur.

Une nouvelle donne?

On ne peut faire route ensemble si les croyants minorisés se réfugient dans leur bulle religieuse privée et individuelle, et si les incroyants portent leur option comme un drapeau triomphant et nous traitent comme des «insignifiants». Une attitude qui n'est que l'envers de ce qui est le plus haïssable dans l'héritage religieux de notre chrétienté cléricale. Chassez l'histoire sans discernement et elle revient au galop. Rien n'est plus automystificateur que le dogmatisme souterrain d'un esprit qui se dit ouvert et progressiste, absolument sûr de sa vérité. Il n'y a pas de dialogue possible quand on établit sa vérité sans reconnaître la vérité de l'autre. Dans mon itinéraire, j'en suis venu à penser que la posture de mes vis-à-vis agnostiques peut être aussi plausible que la mienne. J'y reviendrai dans un chapitre subséquent.

Les débats autour du «choc des civilisations» sont trop vite clos, surtout quand il s'agit des rapports entre laïcité et religion. On ne peut les réduire à des considérations politiques, si importantes soient-elles. Il y a là des profondeurs historiques, culturelles, morales et spirituelles indéniables qui fondent des postures fondamentales. Postures qu'on ne peut confondre avec le spectre du fondamentalisme religieux intégriste, d'une part et, d'autre part, avec cet autre spectre d'un laïcisme anti-religieux, crypto-dogmatique et sans âme. Cet affrontement est sans issue dans le contexte géopolitique actuel. Les sociétés sacrales ont à s'ouvrir à la laïcité, et les sociétés laïques ne doivent pas refouler dans la sphère intime, privée et indi-viduelle le phénomène religieux historique, social, culturel et politique. Il faut le redire : la façon la plus radicale de paver le chemin au sectarisme, c'est de refuser au « religieux » une place dans l'espace public. Ce début du troisième millénaire n'est-il pas marqué massivement par l'explosion inattendue du phénomène religieux ? Ne pas la reconnaître comme telle, c'est s'aveugler. L'absence d'intelligence religieuse grève les autres intelligences d'un déficit, à savoir la prise en compte, la compréhension et la critique bien fondée de cette part importante du réel historique dans le long cheminement de l'humanité. On ne peut penser le présent sans ce fond de scène religieux de l'histoire humaine. Ce ne sont pas les débats ponctuels entre la « liberté d'expression » et le « respect » qui à eux seuls peuvent éclairer cette nouvelle donne, pourtant prévisible à vue d'histoire. Combien de guerres insensées ont été déclenchées avec ce genre d'aveuglement ! Ladite modernité occidentale, depuis le siècle des Lumières, a trop fait fi de ce profond humus de l'âme humaine médiatisée par la conscience et l'expérience religieuse. C'est ce que nous rappellerons dans les prochains chapitres.

Dans son ouvrage *La force de conviction*, J.-C. Guillebaud dit que la religion, notre grand inconscient collectif, est aussi porteuse d'un savoir anthropologique qui attend d'être déchiffré... d'une mémoire commune... d'un croire commun nécessaire pour nourrir l'éthique aussi bien que la politique...

Loin d'être vécue comme un marqueur identitaire figé, cette croyance commune s'éprouve et se construit dans le mouvement. Faire route ensemble, ce n'est pas aller n'importe où, avec le laxisme du tout est permis... Pour contenir l'*hubris*, la démesure et les pulsions destructives qui bouillonnent dans l'inconscient de toute communauté humaine, ou encore la tyrannie qu'elle vienne du dehors ou du dedans, il faut une forte croyance partagée (qui est plus que des raisons communes). Purger une société humaine de toute trace du sacré collectif, c'est fragiliser son existence[6].

Dans l'esprit de l'auteur, le sacré marque des limites à respecter radicalement pour un vivre ensemble viable, et en même temps le sacré donne profondeur et élan à des croyances communes façonnées patiemment dans la délibération démocratique incessante, sans *doxa* imposée à cette liberté.

Avec une grande finesse d'analyse, Guillebaud souligne le paradoxe de nos sociétés à la fois permissives et répressives, anomiques et pénalisantes, libertaires et contrôleuses, sceptiques et crédules. Ce balancement d'un extrême à l'autre n'aide pas à des politiques sensées de la gouvernance et à des pratiques de vie et de citoyenneté cohérentes et responsables. Ceux qui célèbrent ces paradoxes comme une conquête postmoderne, posthistorique, postreligieuse et posthumaniste ne peuvent expliquer et encore moins surmonter le désarroi de plusieurs contemporains. Et le pourquoi de ce qu'on a appelé la « société thérapeutique ».

Une espérance dynamique et féconde requiert un sol plus solide, un tonus moral plus robuste, une force d'âme plus coriace, une inscription plus patiente dans la durée. Même des jeunes, au milieu de nous, nous disent qu'« on ne va pas loin sans foi ». J'en ai entendus qui nous reprochaient de ne leur avoir pas transmis ce langage de l'âme des patrimoines

---

6. Cf. Guillebaud, *op. cit.*, p. 305-308.

historiques religieux. Je cite ici de mémoire l'anthropologue Malinowski qui disait : « Est-ce que nous, anthropologues, ne transmettons que la carcasse morte de ce qui fut une brûlante humanité encore vivante dans l'âme de tant de nos contemporains ? »

L'opposition simpliste entre tradition et modernité ramène la première à un dépôt figé, fossilisé, alors qu'elle est une source de constant renouvellement. Tradition, transmission et transformation ont en quelque sorte la même origine étymologique. L'évacuation de la tradition amène la crise de la transmission. L'amnésie religieuse, bien au-delà de son erre, est révélatrice d'une rupture générationnelle dont on refuse de prendre la mesure et les effets négatifs. « Personne ne transmet rien à personne », disait-on, il y a à peine quarante ans. Nous payons cher cette utopie. L'expérience religieuse historique nous a pourtant montré la riche et dynamique virtualité de la transmission. Celle-ci transforme ce qu'elle transmet, suscite le requestionnement, appelle la réinterprétation, ouvre de nouveaux horizons de sens. Ce que l'idéologie du vécu, du présent immédiat ne peut faire à cause de l'absence de distance sur elle-même. La foi et le doute, comme la culture et la science, ont besoin de la distance qu'offre la trame historique de leurs propres évolution, tradition et transmission. C'est l'ABC de l'éducation. C'est par là qu'elle devient « mise au monde », aventure, voyage intérieur, instituant d'un monde commun partagé, idéal à croire et certitude à critiquer. On juge, entre autres choses, d'une laïcité ou d'une religion par leur façon d'éduquer et par ce qu'elles transmettent aux nouvelles générations.

Retour critique

Paradoxalement, comme chrétien, j'ai parfois les mêmes réactions qu'ont certains esprits laïques effarés par un monde saturé de religion et je dirais la même chose de ma propre société truffée de crédulités qui tiennent de ce qu'il y a de plus primitif et régressif dans la religion. Par exemple, l'astrologie, l'ésotérisme, la «voyance», les extraterrestres, Nostradamus, la pensée magique, et quoi encore! Autant de postures qui gomment ou oblitèrent le fait que la vie humaine est une question sans solution immédiate[7], et le chrétien lucide se doit de reconnaître que rien n'est donné de manière exhaustive et définitive dans sa foi. Même les plus grands saints ont vécu cette épreuve. Pour croire, il faut faire un pari, il faut se décider, engager sa liberté, prendre un risque. La foi n'explique pas tout ni sur l'homme, ni sur le monde, ni sur Dieu. Elle ne donne pas la certitude de tout savoir et de tout bien faire. Si c'est le cas, elle empêche la vérité de circuler ou de reconnaître celle des autres. C'est la forme la plus mystifiée et mystifiante du fondamentalisme ou de l'intégrisme.

Au risque d'anticiper quelque peu, je veux souligner ici un passage récent de la pensée chrétienne si bien exprimé par le théologien Claude Geffré. À savoir le passage d'une pensée dogmatique à une pensée herméneutique (constamment interprétative et réinterprétative), pourtant déjà présent dans la Bible et les Évangiles. Les définitions dogmatiques doivent être réinterprétées à la lumière de notre lecture moderne de l'Écriture Sainte et en fonction de notre expérience humaine et ecclésiale actuelle. Notre situation historique particulière est en effet un élément constitutif de notre compréhension du message chrétien. Les Églises locales sont enracinées dans des expériences historiques, culturelles et sociopolitiques irréductibles[8].

7. Bernard Pottier, «L'agnosticisme, choix évident pour l'homme contemporain», dans *Nouvelle Revue théologique*, Bruxelles, mars 2007, p. 4-5.

8. Claude Geffré, «Pluralités des théologies et unité de la foi», dans *Initiation à la pratique de la théologie*, introduction, Paris, Cerf, 1982, p. 135, 136 et 139.

Il y a bien des contentieux entre l'Église romaine et le monde moderne que le magistère aurait pu lever. Il l'a fait un moment au concile Vatican II. Mais le verrou s'est refermé par la suite. J'y reviendrai dans la deuxième partie.

PREMIÈRE PARTIE

Vers une base humaniste commune

Les yeux de l'âme

Nous avançons d'un pas toujours
plus décidé vers une vie toujours plus creuse.
Bronzés, minces et musclés,
nous sourions à une plate existence.
Nos corps sont dynamiques et cependant inanimés.
Nous payons le prix d'une négligence :
l'oubli de l'âme.
Nos âmes sont affamées.

CHRISTOPHE LAMOURE

CE PROPOS, EN EXERGUE, malgré sa part de vérité, n'a pas pour but de discréditer le monde d'aujourd'hui. C'est plutôt une invitation à mieux intégrer l'âme et la conscience dans nos regards sur ce qui nous arrive, et dans nos tâches les plus cruciales.

En l'âme humaine se logent les ressorts les plus importants de motivation et de dépassement. Elle a été une référence majeure dans tous les humanismes du patrimoine historique. Le philosophe Alain parlait de l'âme en ces termes : «ce qui refuse de fuir quand le corps tremble, et de frapper quand il s'irrite». On pourrait appliquer ce propos à bien d'autres postures de la dignité humaine et de la foi en elle.

C'est aussi un lieu critique pour marquer l'absence, sinon l'appauvrissement de la conscience, du sens, de l'inspiration ou des valeurs. Ne dit-on pas un corps sans âme, une vie sans âme, une politique sans âme, comme si de celle-ci on ne savait plus la soif et la faim, ni les yeux, ni le cœur? Des savants nous apprennent qu'elle est née même avant la parole. Telles ces fresques dans les cavernes, qui remontent à cent mille ans. Déjà l'âme et ses mains! Avec son sens du mystère, son respect sacré pour ses morts, son intuition de l'au-delà, son ouverture sur l'infini, à la fenêtre de ses rites et symboles. Étrange distance entre eux et nos grimaces d'Halloween qui ont remplacé le culte mémoriel de nos morts. Un exemple, parmi cent, de ces barbaries qui s'ignorent comme telles.

De quoi parle-t-on au juste dans nos débats autour de la laïcité et de la religion? J'ai le sentiment qu'on abaisse l'une et l'autre, l'une par l'autre. Qu'est-ce qui les fonde et les dépasse toutes deux? Qu'est-ce qui fait émerger et émarger l'humanité de la ruche reçue ou construite? Il me semble que l'âme est le premier lieu de la transcendance humaine. Le plus spécifique de ce que nous sommes dans la matière et la vie, et même dans la raison. Cet invisible dont nous percevons la réalité, sans pouvoir rien y prouver.

Il faut de l'âme pour croire au paradoxe de la finitude humaine et de sa capacité de l'infiniment dépasser. Est-ce là une des sources profondes de l'expérience religieuse depuis le fond des âges de l'hominisation et aussi de notre propre civilisation? Ce sont ces yeux de l'âme qui nous ont valu l'inspiration de nos grands mythes et récits, de nos arts et sciences, et de nos courages pour surmonter les pires épreuves.

Oh, je sais, je sais, que de crimes n'a-t-on pas commis au nom de ce substrat religieux! Mais ce n'est là que l'envers de cette brûlante humanité. Les nombreux crimes laïques du xxᵉ siècle, après la révolution libératrice des Lumières, ont tout autant trahi l'âme et la conscience.

De part et d'autre, nous nous devons cette opération-vérité pour mieux faire route ensemble, plus modestement, cette fois. L'humain malgré l'humain, et en plus pour les croyants, Dieu malgré Dieu. Souvent, avec une foi qui doit d'abord défoncer le désespoir. L'avenir menacé de notre planète rend dérisoires nos batailles de credos et d'idéologies. Travailler à une même communauté de destin devient la tâche prioritaire de l'humanité. N'avons-nous pas en commun cette profondeur spirituelle que je viens d'évoquer? Cet irréductible a un donné qu'on ne peut manipuler, instrumentaliser, alors que même la raison peut s'y prêter. George Steiner disait : « Dans les camps nazis, ces bâtards de meurtriers sadiques n'ont pu s'approprier nos âmes. » Là aussi, la foi en la dignité humaine irréductible et inconditionnée transcende les pires desseins.

On ne peut pas changer grand-chose au cours du monde si on ne croit pas qu'on puisse le faire. Encore ici ressurgit l'enjeu du croire dans ceux de l'avoir, du pouvoir et du savoir. Même le savoir a besoin des yeux de l'âme pour aller au-delà de ses calculs et de ses raisons. La vieille parabole de l'apprenti sorcier nous le rappelle, plus que les nouvelles certitudes, parfois aussi aveugles que celles d'hier.

Ce serait déjà beaucoup de partager les mêmes questions cruciales, même si on leur donne différentes réponses, toutes limitées, il va sans dire (Dostoïevski). *On ne possède pas la vérité sans celle des autres.* Cela vaut pour les esprits laïques comme pour les esprits religieux, et pour toutes les autres oppositions manichéennes : droite-gauche, conservatisme-progressisme.

Il nous reste tant d'autres choses en commun qui tiennent d'une même condition humaine et d'une même Terre en mal de salut. Avec ces ressorts de rebondissement de l'âme humaine dont témoigne l'histoire. C'est notre pari d'espérance qui refuse radicalement toute résignation, toute démission, tout non-espoir.

Y aurait-il là une possible spiritualité commune ? Autrement, les générations qui nous suivent nous feront le plus terrible procès, celui d'avoir pensé et agi comme s'il n'y avait personne après nous. Ultime avatar d'une culture narcissique dont nous sommes saturés. J'en entends me dire que ces propos sont bien abstraits. Autre signe d'une âme qui n'a plus d'yeux ni de langue pour exprimer sa réalité, ni d'oreilles pour l'écouter, ni de mains pour la resemer dans le terreau de nos ouvrages et la chair de nos amours.

Plaidoyer pour un nouvel humanisme

En langage savant, on parlerait peut-être d'un nouveau paradigme, ou de nouvelles visions du monde par-delà les anciennes. Le monde pluraliste oblige ! J'aime mieux la référence humaniste, surtout au moment où les enjeux sont de plus en plus planétaires, livrés à l'ensemble de la famille humaine et à des responsabilités communes. Mais même nos mots les plus usuels pour qualifier l'humanisme sont à revoir à nouveaux frais. Tel le conservatisme qu'appelle la survie de la Terre, de la nature et même de l'espèce humaine. Tel le progressisme qui doit réévaluer et mieux discerner les progrès accomplis et les faux progrès du changement uniquement pour le changement. Encore plus, ces modes « post » – postchristianisme, postmodernité, posthumanisme, etc. – dont on se demande bien ce qui leur succédera.

N'est-ce pas effacer bêtement les riches patrimoines de l'histoire humaine ? D'aucuns disent que nous allons vers un monde sans dieux, sans religion, totalement enclos dans son immanence. Sera-t-il plus humain pour autant ? N'avons-nous donc rien à tirer des grands récits et mythes religieux inspirés par l'âme humaine, et ouverts sur plus grand que soi ? Devrait-on s'inquiéter davantage de l'insoutenable légèreté de nos

croyances et incroyances contemporaines? Et encore plus de
ces oppositions simplistes entre le croire et le savoir?

Comme éducateur, je me demande quel impact a sur les
jeunes cet autre discours philosophique à la mode qui les
somme d'accepter l'imparable désespoir au bout de leur aventure humaine!

Mais d'où vient donc cette increvable espérance qui a
traversé l'histoire humaine, fait rebondir les consciences,
et permis de surmonter les pires épreuves? Et que dire des
expériences religieuses qui ont été une des sources d'une telle
inspiration? En deçà et par-delà les indéniables avatars de cette
longue histoire religieuse, n'est-ce pas en pareille foulée qu'on
a découvert que l'être humain a une âme, et qu'est apparue
la question de Dieu, en filigrane des croyances aux esprits et
aux diverses divinités, avant même que ne surgissent les trois
religions monothéistes?

Il y a là des filiations historiques à ce que des humanismes
d'hier ont appelé la transcendance. Même aujourd'hui, des
agnostiques, des athées revisitent cette référence face à un
monde qui tend à s'enfermer sur lui-même avec un certain
fatalisme. Certes, les échecs de notre civilisation, peut-être la
plus prestigieuse de l'histoire, nous rendent plus conscients
des incertitudes de la condition humaine, de sa finitude, de
son caractère mortel. Ce vertige est d'autant plus pénible qu'il
est éprouvé de très haut; croyants et incroyants contemporains le partagent. Mais ce profond creux d'incertitude peut-il
tenir lieu d'humanisme, de philosophie de la vie? L'humain
a comme spécificité le sens cherché, le sens à faire. Un ou
des sens qui font vivre, aimer, lutter, espérer. C'est avec du
sens que surgissent de nouvelles inspirations et se forgent de
solides et durables convictions.

L'éloge de l'incertitude peut être mortifère s'il ne débouche
pas sur sa dynamique de questionnement et de recherche de
réponses, fussent-elles limitées ou provisoires. C'est une des

nouvelles modes que d'opposer le croire et le savoir, comme si le croire était totalement aveugle et irrationnel. Pourtant, ce que tous les deux ont en commun, c'est aussi le questionnement, le doute au départ et tout au long de leur parcours. Avec de constantes réinterprétations. Nous verrons comment la tradition judéo-chrétienne n'a cessé d'être jalonnée de réinterprétations. Et en cela, elle a été une des matrices historiques du développement de la science. Voilà une autre filiation méconnue par un certain laïcisme, mais aussi trahie par la religion ou les Églises, quand elles s'enferment dans leurs réponses érigées en absolu indiscutable. De ce double drame, il sera question dans cet ouvrage.

Avec ces contextes historiques d'hier et d'aujourd'hui, on ne saurait façonner un nouvel humanisme sans tenir compte tout autant des misères et des grandeurs de l'aventure humaine, marquée de continuités, de ruptures, de dépassements et de chemins neufs à ouvrir, mais aussi de régressions, de fuites en avant, de résignations et de fatalisme.

Historiquement, l'humanisme s'est conjugué au pluriel. D'entrée de jeu, l'humanisme du présent et de l'avenir devrait connaître lui aussi la diversité. Alors, on me dira : comment peut-on parler d'un nouvel humanisme au singulier ? J'ose ce pari parce que, comme jamais, les enjeux les plus cruciaux sont communs à toute l'humanité, et parce que la mondialisation sous diverses formes peut aussi nous rendre plus conscients de la nouvelle communauté de destin que nous sommes appelés à créer. Ce qui n'empêche pas une diversité culturelle et sociétale.

Encore ici on m'objectera que la *realpolitik*, les conflits d'intérêts économiques et les inégalités défient toute tentative de se donner ensemble une base humaniste commune. Mais quoi d'autre que notre commune humanité peut nous fournir un même langage signifiant pour penser et assumer ces inévitables débats et combats, et surtout ces échéances planétaires actuelles qui nous concernent tous. La référence humaniste a l'avantage de rappeler à nos différences de tous ordres ce même substrat humain fondamental qui constitue en même temps la première transcendance. Fût-ce cette question qui nous interpelle tous et chacun : quelle sorte d'être humain suis-je ? Cela vaut pour toutes nos communautés historiques.

Je dis que nous sommes « tous et chacun » concernés, car quotidiennement, avec ces nouvelles qui nous arrivent du monde entier, chacun de nous ne peut éviter de prendre position, sinon de s'interroger sur le sort du monde actuel et son avenir. C'est ce que je fais moi-même dans cet ouvrage, sans la moindre prétention d'avoir en poche une quelconque réponse globale. Dans les limites de cet ouvrage, j'essaie d'intégrer les profondeurs spirituelles jusque dans les tâches les plus matérielles, comme celle du pain à mieux partager. Et je tente aussi d'explorer l'apport particulier possible du christianisme sur cet horizon d'un nouvel humanisme commun. Fût-ce comme une des questions qui préoccupent plusieurs de mes contemporains, laïques ou religieux.

Une approche laïque privilégiée

Ce regard d'âme ne se cantonne donc pas uniquement dans les consciences. Il doit s'inscrire dans les requêtes politiques de nouvelles solidarités de société. Comme on l'a fait dans nos premières réformes modernes. Tel l'accès universel à l'éducation, à la santé et à des conditions décentes de vie pour tous.

À ce chapitre, la laïcité peut jouer un rôle majeur pour offrir une base commune à la société de plus en plus pluralisée culturellement et religieusement. Ce qui implique une laïcité ouverte, soucieuse de n'exclure personne du débat démocratique sur les enjeux sociaux et économiques, et les choix politiques.

Je ne saurais taire ici la confrontation entre deux logiques qui ont cours : l'une centrée sur l'individu et l'autre sur le collectif. Il me semble que cette opposition est hors de la condition humaine réelle. Dès sa naissance, le nouvel arrivé commence à naître à lui-même dans un premier réseau de relations, dans un tissu social, dans un milieu de vie, dans une communauté d'appartenance, dans un héritage identitaire. Il en sera de même tout au long de sa vie. Concevoir le citoyen dans une logique uniquement individuelle, c'est l'abstraire de ses ancrages identitaires sociaux, culturels et communautaires. La laïcité peut l'empêcher de s'y enfermer. Mais si on veut éviter que les communautés particulières ne se replient sur elles-mêmes (communautarisme), on doit s'assurer qu'elles participent au débat démocratique. C'est aussi le cas des Églises. Les écarter, c'est paver le chemin du sectarisme religieux.

Mais c'est ici encore que la laïcité remet de l'avant la nécessité d'une base commune de normes et de valeurs impératives pour tous. Fonder cette base sur le seul principe de neutralité, c'est faire de la laïcité une coquille vide, philosophiquement, culturellement et spirituellement. Comme si la laïcité n'avait pas d'âme, comme si elle ne pouvait avoir une profondeur morale et spirituelle, comme si elle ne pouvait être porteuse d'une philosophie laïque de la société moderne toujours en train de se renouveler, de se repenser. Saura-t-elle le faire si elle met en veilleuse les riches patrimoines historiques, y compris leurs sources spirituelles, et sa tâche de contribuer au façonnement d'un nouvel humanisme ?

Ici, surgit la question : la laïcité peut-elle relever seule ces défis que je viens d'évoquer ? Je vais aborder cette question dans cet ouvrage.

Disons d'abord que la laïcité elle-même est tributaire de la qualité de nos rapports à la société, et en particulier à la politique, surtout au chapitre d'une solide culture démocratique. Comment ne pas s'inquiéter du discrédit actuel de la politique, en dépit de son omniprésence à la surface sociale des médias! Ceux-ci traitent rarement de nos rapports, comme citoyens, aux institutions publiques, ces premiers lieux quotidiens de la société.

Quelle sorte de citoyens sommes-nous devenus? Se peut-il qu'il y ait présentement une «personnalité citoyenne de base» largement répandue, celle de purs consommateurs des services publics? N'est-ce pas le premier test révélateur de nos rapports à la société? Y a-t-il là un déficit d'appartenance commune, cette assise politique, éthique et spirituelle qui motive une participation soutenue, un engagement durable, une volonté d'agir ensemble? Eh oui, même la politique a besoin d'âme, comme nos institutions, comme nos pratiques citoyennes et, bien sûr, nos pratiques de vie. L'expérience religieuse historique a-t-elle quelque chose à nous enseigner à ce chapitre? En particulier le christianisme qui a accompagné l'histoire occidentale depuis ses débuts. De cela, il sera question aussi dans cet ouvrage.

Cela dit, je tenterai de tenir compte des atouts positifs actuels susceptibles d'inspirer un nouvel humanisme et sa portée sociale et politique. On a dit, non sans raison, que beaucoup de changements historiques prometteurs ont commencé par des sursauts de conscience dans les populations concernées. Je pense qu'il y a de ces sursauts, ici et ailleurs, face à la crudité et à la radicalité des problèmes sociaux, environnementaux et économiques qui ont atteint des seuils critiques. Leurs impacts politiques réclament de nouvelles solidarités de société.

Un peu partout dans le monde, des consciences se lèvent pour refuser de n'être que de purs rouages de la machine économique, de la nomenclature bureaucratique, de l'instrumentalisation desdites ressources humaines, de pouvoirs qui les aliènent. Est-ce que nous valons pour nous-mêmes et par nous-mêmes? Sommes-nous vraiment la finalité de ces appareillages, de l'idéologie du marché mondial, chez nous et ailleurs? Encore ici, l'enjeu est à la fois philosophique, éthique et spirituel, si tant est qu'on ne le loge pas dans les marges de ces vastes systèmes qui régissent nos sociétés. C'est précisément par leur inscription dans le «pays réel» que les questions de sens, les finalités humanistes, les ressorts de la force d'âme peuvent redonner élan et espoir à nos responsabilités personnelles et à nos tâches collectives.

Ici au Québec, il y a une effervescence sociale particulièrement dans les communautés locales. Est-ce un prolongement historique souterrain de l'origine de la démocratie en Amérique? Eh oui, c'est dans les communautés locales que la démocratie participative a pris son envol. Mais plus qu'un retour aux sources, la mouvance de cette dynamique emprunte de nouveaux chemins, comme l'économie sociale, les projets intergénérationnels, les chantiers coopératifs inédits même dans des services publics comme la santé, et aussi des solidarités régionales neuves et prometteuses. Il y a de l'âme, de la foi dans ces soucis d'humanisation, dans ces reprises en main. Même le nouvel art de vivre sous diverses formes qui s'est développé sous un mode individuel au cours des dernières décennies commence à déboucher sur des initiatives communautaires. Restent, bien sûr, les requêtes sociétaires et politiques plus larges qui elles aussi ont besoin d'un supplément d'âme, d'une judicieuse base humaniste et éthique.

L'Institut du Nouveau Monde, chez nous, est un bel exemple de forum sociétaire permanent, de lieu qui fédère une foule d'initiatives de développement dans toutes les régions du Québec. On y trouve des citoyens de tous âges, de diverses communautés culturelles, de différents partis politiques. Sans compter ses programmes de formation. Un tel lieu peut nous aider à surmonter l'atomisation, la dispersion et la non-concertation de la multitude de groupes communautaires, d'associations qui ont pourtant en commun une semblable conscience sociale et un souci d'engagement dans la société. Il se peut que ce nouvel institut libre soit d'une mouvance historique neuve, originale et bien accordée au type de société dans laquelle nous vivons... et qui sait, à une société autre déjà en gestation. À tort ou à raison, je pense que beaucoup de membres de l'institut sont aussi en quête d'un nouvel humanisme.

Toujours sur cette Terre, on peut se demander si une société aux objectifs à court terme en tout domaine ne rapetisse aussi sa profondeur humaine, son horizon de sens et, j'ose dire, son âme et sa conscience, en tout cas, chez ses citoyens. Et que dire de ses racines !

Tout se passe aujourd'hui comme s'il fallait reprendre toutes les choses à leurs racines, même les mots. « Mal nommer les choses, ajoute aux malheurs du monde », disait Albert Camus... et il y a longtemps, Confucius. De toutes les racines les plus galvaudées, il y a cette longue histoire religieuse de notre humanité. Saura-t-on lui donner une place dans un nouvel humanisme ? Les yeux de l'âme ne seront jamais de trop, qu'on soit d'esprit laïque ou d'esprit religieux.

L'âme « désâmée[1] »

LA CULTURE CONTEMPORAINE a valorisé la vie, le corps, l'affectivité, la sexualité et le psychisme. Cela a donné, dans les meilleurs apports de la modernité, de nouvelles formes d'art de vivre inestimables, et en même temps, un renouvellement de la morale accompagné d'un procès de l'héritage religieux. En aval de cette dynamique, se sont développées des expériences spirituelles davantage ancrées dans la vie réelle, dans la nature, dans la « corporéité ». De nouveaux rapports se sont établis entre le physique et le psychique.

Ici, un rappel historique est nécessaire. Il faut se souvenir que le « salut de l'âme » était au centre du christianisme des derniers siècles. Ce qui n'a pas été sans influencer la séparation du corps et de l'âme, chez un Descartes, par exemple. Chez nous, aux plans religieux et moral, ces deux pôles humains souvent s'opposaient. Et ce n'était pas sans de longues filiations historiques.

Les sectes gnostiques des premiers temps du christianisme méprisaient la condition corporelle de l'être humain et pratiquaient le culte d'un Christ divin, mythique, mystique au point de rejeter le Jésus humain et historique. D'autres sectes

1. Je m'inspire d'un vieux mot de notre terroir, se désâmer, qui consiste à effectuer une tâche tellement ardue qu'elle nous vide complètement de nous-mêmes. Dans ce chapitre, je donne au mot désâmer d'autres significations, plus en accord avec sa racine première.

plaidaient le contraire comme en témoigne le fameux roman *Da Vinci Code.*

Chez les moines du Moyen Âge, on trouve pareille horreur : «Pour le plaisir de mourir sans peine, il faut accepter la peine de vivre sans plaisir.» Mais ne soyons pas injustes. Si les moines n'avaient pas aimé la vie, ils n'auraient pas produit les meilleurs crus de vins et de fromages.

Un peu plus tard, le jansénisme catholique et le puritanisme protestant ont poursuivi cette dissociation-opposition. Blaise Pascal disait : «Nous sommes composés de deux natures opposées... d'âme et de corps.» Il y a derrière cette formule un fond de scène de l'âme conçue comme un principe spirituel de l'homme, séparable du corps, immortel et jugé par Dieu. Sauver, perdre son âme. Prier pour l'âme, le repos de l'âme de quelqu'un. Que Dieu ait son âme ! Âme damnée. Vendre son âme au diable.

Même le délicieux païen Victor Hugo écrivait : «Le corps humain cache notre réalité... la réalité, c'est l'âme.» Et pourtant, encore maintenant, la référence à l'âme ne cesse de refaire surface comme ce propos d'une adolescente qui disait : «mon école n'a pas d'âme» (lors des États généraux de l'éducation). On ne compte plus les références langagières à l'âme : être musicien dans l'âme ; force, grandeur d'âme ; la mort dans l'âme. «De telles passions dévastent l'âme.» «Rencontrer l'âme sœur.» «Objets inanimés avez-vous donc une âme ?» Le roman *Les âmes mortes* de Gogol. «Que faisons-nous des trésors amassés par l'âme humaine tout au long de l'histoire ?» (Finkielkraut). Ce n'est donc pas qu'un attribut personnel, ne dit-on pas «l'âme d'un peuple» ?

Redisons-le, la référence à l'âme a été un lieu très important de questionnement sur la condition humaine, d'interprétation du monde, de sens à la vie, de vie intérieure et d'engagement robuste et durable. Des esprits agnostiques y ont trouvé aussi un mystérieux mais non moins réel lieu d'interrogation et de conscience. Je pense à Renan qui disait : «Oh! Seigneur, s'il y a un Seigneur, sauvez mon âme, si j'ai une âme.» Bien avant lui, Plotin écrivait ceci : «Le par-quoi ou le pour-quoi de la création du monde est le même que le par-quoi ou le pour-quoi de l'âme humaine.» On en trouve des échos dans la littérature moderne. «J'aime la mer comme mon âme. Souvent même je pense que la mer est vraiment mon âme : des plantes cachées y poussent qui seulement au moment de l'épanouissement montent en surface, puis se fanent, s'enfoncent à nouveau ; de même des profondeurs de mon âme montent de merveilleuses floraisons d'images et elles embaument, et elles éclairent, et elles disparaissent.» (Nordeaney) Mêmes échos chez des gens simples qui disent aller chercher et retrouver leur âme dans le silence de la nature.

Toute la Bible témoigne de l'inspiration qui mène à penser, transformer et réenchanter le monde. S'est-on illusionné en qualifiant la modernité comme «désenchantement du monde» et «sortie de la religion»? Mise à la porte, la religion rentre par les fenêtres de l'âme humaine. Aujourd'hui comme hier, semblablement et différemment à la fois. Différemment et paradoxalement souvent sous forme de religiosité, de crédulité plus ou moins aveugle, parce que sans culture ou tradition religieuse éprouvée et critique d'elle-même. Recitons ici Umberto Eco : «Combien de gens aujourd'hui qui se vantent de ne croire en rien et qui, en même temps, sont prêts à croire en n'importe quoi.» Mais n'anticipons pas trop vite. Ce jugement risque de discréditer cette rémanence têtue de l'âme humaine chez nos contemporains, comme je viens de l'évoquer dans cette exploration de l'intelligence religieuse.

Dans cette exploration de l'intelligence religieuse, j'ai donc commencé par la référence la plus simple, la plus riche, la plus évocatrice, à savoir : l'âme humaine. Avec ces mots qui sont des passeurs de l'âme. Ces mots qui transcendent l'univers langagier familier tout en l'assumant. Comme les symboles qui unissent la chair et l'esprit, le matériel et le spirituel, la nature et la culture, l'imagination et le réel, le cœur et la raison et quoi encore... La lumière et l'ombre de l'indicible, de l'ineffable et du mystérieux. Ce qui donne à penser, à chanter, à enchanter la vie dans la même mouvance. La beauté, on ne sait la voir, si elle n'habite pas notre paysage intérieur avec les yeux de l'âme. Il y a là un fond poétique et mystique qui déborde l'imaginaire et l'intuitif. Rares sont les êtres humains dépourvus de cette source spirituelle. Le philosophe athée André Comte-Sponville a écrit de belles pages là-dessus[2]. De même le chrétien Blaise Pascal que Comte-Sponville cite abondamment. Mais l'âme n'est pas que mystique.

Que seraient nos rudes vies sans nos élans intérieurs d'âme, d'espérance, d'ouverture à plus grand que soi?

M'est avis que le regard et la parole sont les premiers chemins de l'âme avec le silence et l'intériorité, bien sûr! Kundera disait bellement que le test d'un amour authentique, c'est la présence de l'autre dans notre paysage intérieur. Là aussi il y a un chemin d'accès à l'âme. Point n'est besoin d'être un grand mystique. Qu'est-ce qu'un amour sans âme? Une foi sans âme? Des conversations, des rencontres sans âme? D'aucuns l'expriment simplement avec le mot « vide ». Vide de sens. D'autres évoquent le vide spirituel. C'est une autre façon de parler de l'âme, comme cet aphorisme : « Les yeux sont le miroir de l'âme.»

Du plus lointain de notre histoire occidentale, les grands récits des peuples, la philosophie, la littérature et la science ont évoqué l'âme humaine, sur un fond de culture religieuse, et même souvent sans elle. Comment alors soutenir qu'il n'y a là aucune pertinence, aucune intelligibilité? C'est cette éclipse que déplorent des scientifiques de différentes disciplines dans

---

2. André Comte-Sponville, *L'Esprit de l'athéisme*, Paris, Albin Michel, 2006, p. 145-212.

l'ouvrage *Le savant et la foi*[3]. Einstein lui-même s'est démarqué de ce rationalisme scientiste du xixᵉ siècle encore vivace aujourd'hui. Plus près de nous, l'athée Koestler se moquait lui-même de ce scientisme «comme si, disait-il, on voulait expliquer les cathédrales par l'analyse chimique du mortier entre leurs pierres».

Dans l'ouvrage que je viens de citer, des scientifiques se démarquent radicalement d'un scientisme toujours vivace qui prophétisait comme Laplace au xixᵉ siècle : «Bientôt, avec la science, rien ne sera incertain.» Les scientifiques croyants refusent que le plus élevé de l'âme humaine soit expliqué et fondé dans ce qu'il y a de plus bas en nous. Freud ne croyait pas en l'âme humaine. Ainsi rejetait-il tout sens inspirant de la conscience religieuse dans l'histoire.

Aujourd'hui, on connaît d'autres inversions semblables, telle cette réduction du spirituel au neuronal. Il faut bien voir la radicalité de la dérive actuelle : cette confusion de l'âme humaine avec la chambre secrète en soi dont seuls les psychiatres ou les thérapeutes ont la clé quelque part dans le subconscient. Ainsi considère-t-on l'âme comme l'ultime résidu du religieux à évacuer. Tout au plus, c'est une question qu'on résout en refusant de la poser. Ce réductionnisme s'est largement répandu dans la population. Alors comment décoder ces propos entendus chez de jeunes adultes : «On n'a même plus les mots pour dire nos bleus à l'âme.» À témoin cette émouvante réflexion dans le récit de vie d'une jeune femme que nous avons rapporté dans notre recherche récente sur les orientations culturelles, morales et spirituelles dans différents groupes d'âge et de milieux sociaux.

> Je vais bientôt avoir vingt-cinq ans. J'ai vécu jusqu'ici au jour le jour. Je n'ai reçu aucune éducation religieuse. Et voilà que je me pose des questions que je n'avais pas prévues : «Je crois en quoi au juste?

---

3. Collectif d'auteurs, *Le savant et la foi*, Paris, Flammarion, 1989.

J'espère quoi?» Je me sens vide intérieurement. Quand je dis cela à
mes parents, ils pensent que je suis malade mentalement. «T'as tout
pour être heureuse, qu'est-ce qui te prend?» Effectivement, j'ai tout,
et pourtant, c'est comme si par en dedans, je ressentais un manque
profond sans la capacité de le nommer. Craignez pas, je ne suis pas
suicidaire. J'ai comme un besoin d'âme, de prière. Cette ouverture
béante au fond de moi doit bien avoir un quelconque sens. Je me
prends parfois à envier les esprits religieux. Je ne sais pas souffrir.
C'est pourtant une réalité de la vie à assumer. Parfois rebondit en
moi la question de Dieu, de façon très forte. Besoin de l'Autre avec
un grand A. Je me demande si ce n'est pas ça la source de l'expérience religieuse. Je vois ça du côté humain, mais en plus profond.
Même mes doutes sur Dieu, je les vis comme ça…

Il y a du mystère au fond de la conscience humaine, et ce n'est pas
comme de l'inconnu ou de la noirceur. Au contraire, tu soupçonnes
qu'il y a là de la lumière, du sens caché, de la force… un peu comme
les trous noirs dans le cosmos, ou le petit coquillage qui porte tout le
chant de la mer en lui. J'avoue que ça me fait du bien, ça me dynamise
de réaliser pareille chose. Ça me fait remonter du dedans de mon vide,
de mon manque. Si c'est ça l'expérience religieuse, c'est plus intelligent
qu'on ne le dit…

Rien ici d'un langage magique, ésotérique. Plutôt un questionnement existentiel au contrepoint d'un sentiment profond
de vide spirituel. Cette jeune femme évoquait dans ce récit
de vie son scandale devant tant d'adultes qui «se vantent
de ne plus croire en rien ni personne». Et «mon thérapeute
semble totalement ignare des choses de l'âme, sinon fermé à
toute considération de cet ordre. Il me faut chercher ailleurs,
mais où? Le monde religieux m'est tellement étranger! Et
mon milieu me trouverait "gnaiseuse" si je me tournais de
ce côté-là. J'appartiens à une génération de la solitude spirituelle, depuis que celle qui m'a précédée ne nous a presque
rien transmis de l'héritage religieux de l'histoire humaine…
en tout cas rien de vivant et d'inspirant là-dedans».

L'insoutenable légèreté de la croyance
et de l'incroyance au Québec

En ce pays, ce n'est pas l'insupportable pesanteur de l'inté-grisme religieux qui nous menace le plus, mais l'appauvris-sement de l'âme et de sa profondeur de sens, d'intériorité, de motivation, de foi et d'espérance. J'écris cela le jour de la commémoration des morts, de la seule fête collective de cette mémoire qui nous rappelle les êtres chers qui nous ont quittés. L'Halloween a complètement remplacé cette fête, avec sa mascarade de la mort qui occupe pendant plusieurs jours de préparation les maisons, les rues, les commerces, les médias. On y joue la mort avec le rire gras, les bonbons aux enfants, les fausses peurs. Pas un mot, pas la moindre allusion aux êtres chers qui nous ont quittés. Qu'une fantasmagorie qui ignore même sa source très lointaine de la croyance païenne aux fantômes, aux esprits qui viennent hanter les vivants de la Terre. Que transmet-on ainsi aux générations qui nous suivent? Ce qu'il y a de plus primitif, de plus régressif dans l'âme religieuse, dans la religiosité crédule. Sans compter le côté infantile des adultes eux-mêmes qui se prêtent à cette exécution ricaneuse de la mort. Que reste-t-il du sens de la mort? Du bord de celle-ci ne mesure-t-on pas le carac-tère précieux de la vie humaine, sa dignité, sa grandeur, sa gravité… son âme quoi! Et voilà l'Halloween comme avant-goût des cadeaux du père Noël. Qu'on soit si peu conscient de cette déspiritualisation de la vie et de ses fêtes les plus signifiantes, il y a de quoi s'inquiéter bien plus que le port du voile musulman.

Je pense ici à ces funérailles où l'on balance en quel-ques heures l'adieu à un être cher qui nous a quittés. Les pires barbaries sont celles qu'on ignore comme telles. Les archéologues retracent nos ancêtres humains jusqu'à plus de cent mille ans à travers leurs rites religieux d'adieu à leurs morts. Et il semble que c'est dans cette foulée qu'ils aient pris conscience de leur âme.

Pouvons-nous entendre et comprendre ces propos de Simone Weil dans son ouvrage remarquable *L'enracinement*?

De par sa durée, la collectivité pénètre déjà dans l'avenir. Elle contient de la nourriture non seulement pour les âmes des vivants, mais aussi pour celles d'êtres non encore nés qui viendront au monde au cours des siècles prochains. Enfin, de par la même durée, la collectivité a ses racines dans le passé. Elle constitue l'unique organe de conservation pour les trésors spirituels amassés par les morts, l'unique organe de transmission par l'intermédiaire duquel les morts puissent parler aux vivants. Et l'unique chose terrestre qui ait un lien direct avec la destinée éternelle de l'homme. C'est le rayonnement de ceux qui ont su prendre une conscience complexe de cette destinée, transmis de génération en génération.

Ce texte de Weil intègre l'intelligence spirituelle de l'âme dans l'intelligence historique, culturelle et politique d'une nation, d'une société. L'auteure aborde l'enjeu de la transmission d'une génération aux autres qui précèdent et qui suivent. Elle ose parler des trésors spirituels amassés par nos prédécesseurs.

Il y a là une invitation à une relecture de notre histoire, et surtout, du genre de rupture globale, abrupte et rapide que nous avons vécue récemment au Québec. Encore ici, j'écris ces lignes au moment où ressurgit le débat sur la question nationale. Que diable, pourquoi avons-nous tant de peine à nous nommer nous-mêmes comme peuple ou nation? D'aucuns veulent complètement effacer la nation canadienne-française catholique, cette première fondation historique de quatre cents ans. Là où se loge l'âme de notre peuple, là où l'on peut retracer l'évolution qui a préparé le passage de la société traditionnelle à la société moderne. Cette intelligence historique a été remplacée par un refus global, par une table rase, par une rupture de la transmission. D'où notre crise identitaire souterraine reliée à la brisure de plusieurs filiations historiques. Avec cette illusion de penser qu'on peut se réinventer et bâtir un nouvel avenir à partir de zéro.

À ce chapitre, la psychanalyse nous enseigne le caractère mortifère, sinon régressif et «désidentitaire» de cette utopie. Nos déprimes individuelles et collectives ne sont pas étrangères à cette dramatique, et aussi nos indécisions politiques. Et quand notre propre passé devient objet de haine, on fait passer à la trappe même ceux qui nous ont fait naître et grandir.

Dans un colloque récent où des cégépiens dialoguaient avec des aînés de différentes disciplines universitaires, plusieurs étudiants se sont dits orphelins de véritables filiations historiques en posant des questions comme celles-ci :

— Y a-t-il quelque part une quelconque continuité, un quelconque fil conducteur qui traverse notre histoire propre comme peuple, comme nation ?

Pas de réponse chez leurs interlocuteurs aînés. Alors des jeunes reviennent à la charge...

— On a l'impression que les autres communautés culturelles, toutes, tiennent à leurs filiations historiques, à leurs racines. Quelles sont les nôtres au juste ?

Excédés, les aînés font le procès du communautarisme de ces jeunes, mettant de l'avant l'unique référence d'une base citoyenne commune.

Certains jeunes leur reprochent à leur tour d'esquiver ainsi les questions qu'ils soulèvent sur leur identité, sur leurs appartenances propres et même sur leur héritage religieux. Par exemple, «vous effacez concrètement bien des traces du parcours d'hier et d'aujourd'hui... Votre propos n'a pas d'âme... vous nous parlez comme des technocrates... votre mémoire est trop sélective pour être crédible... avec ces contradictions, on peut se demander quelle place vous donnez à ce que vous appelez notre nation, quel contenu vous donnez à celle-ci... il reste si peu de notre histoire...».

Ces questions sont restées en suspens, y compris celle de l'avenir de notre peuple et des sources profondes morales et spirituelles nécessaires pour relever pareil défi. La force d'âme, quoi! Peut-être cela a-t-il quelque chose à voir avec la foi têtue de nos ancêtres et des fondateurs de notre peuple, et leur générosité pour consentir à donner la vie.

Plus, en tout cas, que les grimaces de l'Halloween, les cadeaux de Noël, le chocolat de la Saint-Valentin et les «cocos» de Pâques, les frasques des Bougon et le spectacle hypersexualisé et *peaufiné* de la téléréalité. Au sens fort du terme: l'âme désâmée! Nous méritons plus que cela, au meilleur de nous-mêmes, pour nous inscrire dans l'histoire qui vient.

Bien sûr, il y a de beaux êtres humains qui ont de l'âme sans la nommer ou sans lui donner une référence religieuse. Nous avons besoin tout autant d'eux pour réintégrer les profondeurs spirituelles de notre humanité dans les enjeux cruciaux actuels.

Il m'arrive souvent de penser que nous sommes confrontés aux tâches les plus matérielles du pain à partager arrimées aux tâches les plus spirituelles de l'âme pour les inspirer. Ce langage et cette intelligence n'ont-ils donc rien à tirer du riche héritage culturel, spirituel et religieux de l'histoire humaine et de notre propre histoire?

Un étonnant paradoxe

Un de mes collègues théologiens m'a fait remarquer qu'en théologie moderne «on ne parle plus ou si peu de l'âme humaine alors que des esprits laïques fort estimables s'y réfèrent avec une étonnante pertinence. Quel paradoxe!» Et il ajoutait ceci: «Dans les ouvrages récents de théologie savante que j'ai lus, même ce mot est absent.»

Chez les gens ordinaires comme chez les grands artistes qui ont une profondeur spirituelle, on se réfère à l'âme pour exprimer la transcendance et l'immanence de la condition humaine dans sa grandeur et sa beauté.

Est-il si vrai que le désenchantement du monde est l'unique repère décisif de la modernité et même du Dieu de la Bible?

Weber et Gauchet ne sont pas simplistes à ce point! Les richesses symboliques du christianisme ne peuvent être confinées dans le corridor du rationalisme. Sa longue histoire en témoigne. Il en va de même de l'anthropologie religieuse et de ses contributions aux humanismes d'hier, même les plus laïques. La nécessaire critique de la religion s'accompagne trop souvent d'un réductionnisme navrant du complexe phénomène religieux. L'éclipse de la référence à l'âme dans plusieurs discours savants est révélatrice de l'appauvrissement de son champ polysémique et symbolique dans la vaste expérience historique de l'humanité. À ce chapitre «la sortie de la religion» n'a rien d'inspirant pour un nouvel humanisme et pour la plupart des êtres humains d'aujourd'hui. Les religiosités régressives d'aujourd'hui marquent bien l'envers de cette éclipse.

Raison, morale et religion

Est-ce suffisant pour comprendre ?

VOILÀ TROIS LIEUX DE SENS qui ont marqué notre civilisation occidentale, sa pensée et son âme, ses traditions et ses débats. Tantôt en interrelations, tantôt en procès, tantôt en se limitant l'une par l'autre, tantôt en se disputant l'hégémonie. Pratiquement tous les maîtres à penser se sont positionnés en rapport avec ces trois références.

Dans l'histoire récente de la modernité, tour à tour la religion, la morale et la raison ont été mises en cause : laïcisme, permissivité et procès de la raison instrumentale. Et voilà, contre toute attente, le rebond du religieux, le requestionnement moral, le primat de la raison.

D'autres ne voient d'autre issue que dans la neutralité de l'espace public, comme base commune. On renvoie au privé la religion, la morale et le jugement de valeur (de la raison). Mais peine perdue, ces trois références ne cessent de refaire surface dans le débat démocratique et les enjeux collectifs cruciaux. Il n'en reste pas moins que les uns et les autres cherchent souvent à éviter les confrontations de sens en s'en remettant à une logique purement procédurale ou juridique. Particulièrement dans les questions morales ou religieuses ou même idéologiques. S'agit-il de philosophie, on en reste aux questions ou à l'aveu d'incertitude tous azimuts. Et l'exutoire de l'humour panmédiatique joue de plus en plus de l'absurde[1]. Heureusement, comme la nature, l'esprit humain a horreur du vide. Même dans les pires brouillards, la grande majorité des humains cherchent des sens qui font vivre, aimer, lutter, espérer. J'ai toujours été étonné du peu de place que les sciences humaines donnent à cette mouvance de positivation. Je soupçonne que les dérives vers la religiosité, la crédulité et les croyances comme l'astrologie doivent beaucoup à cette méconnaissance. De même le recours à la médecine dite naturelle face à une médecine centrée sur les pathologies et les maladies.

Lors d'une recherche récente sur les orientations sociales et culturelles, j'ai été frappé par la récurrence d'une remarque comme celle-ci : « On ne comprend plus rien de ce qui se passe et on se sent impuissant. » Peut-on mieux exprimer ce lien entre le sens et l'agir ? Être en prise sur le sens de ce qu'on vit, c'est être mieux en mesure de faire face aux obstacles de parcours et d'aller au bout de ce qu'on entreprend. Et l'interrogation morale est souvent une médiation précieuse et une instance critique entre la pensée et le faire, entre les moyens et les finalités, entre la vie réelle et les croyances.

L'histoire nous enseigne bien des choses sur la déliaison et la liaison entre raison, morale et religion. Par exemple, de tous les scandales historiques, l'esclavage est peut-être le plus révélateur, y compris dans les deux souches principales de notre civilisation occidentale : la tradition gréco-romaine et la tradition judéo-chrétienne. En elles, il y a eu silence, absence de débat et même justification, tantôt au nom de la raison, tantôt au nom de la religion, tantôt au nom de l'ordre moral naturel, et cela pendant deux mille cinq cents ans d'histoire.

1. Mais plus grave me semble l'étanchéité entre le droit et la morale, la laïcité et la religion, le privé et le public dans plusieurs jugements de la cour. Ce n'est pas ce qui se passe dans la réalité, dans la vie individuelle et collective.

Par exemple, ce n'est qu'au xixᵉ siècle que le pape Grégoire XVI a condamné la traite des esclaves.

Et combien de barbaries modernes qui au nom de la pureté ethnique, qui au nom d'une idéologie politique, qui au nom de la religion, tiennent des positions indéfendables. Cette intelligence critique des rapports entre raison, morale et religion ne vient pas seulement de l'histoire, mais aussi de l'actualité brûlante de nos débats publics, et plus particulièrement des discours et des postures dans les médias. Je parle ici du contexte québécois francophone. La logique manichéenne qui domine les propos peut se résumer ainsi : d'une part, une dite modernité laïque drapée d'une haute morale, de justice et de droit, de tolérance, de liberté, de raison, et, d'autre part, la religion comme un monde de déraison, d'irrationalité, de fanatisme, de répression, de pouvoir pervers, d'étroitesse d'esprit, de passéisme, de conservatisme, et quoi encore.

Cette logique manichéenne pratiquée en long et en large n'était jamais reconnue comme telle, ni objet de retour critique ou de sens critique tout court. C'était pour ses locuteurs une évidence incontestable, une certitude, un jugement global rédhibitoire. Avec une inconscience de sa portée insultante pour les croyants autour d'eux, même chez leurs proches.

Sans compter l'absence de conscience historique sur les sources chrétiennes de tant de valeurs modernes : sens de la personne, de la conscience libre et responsable, de l'amour du prochain, de la justice sociale et de l'âme humaine avec ses ressorts de force morale, de dépassement, de courage dans l'épreuve et même, de dignité sacrée, de transcendance.

J'ai lu certains éditoriaux farcis de contradictions où avec une hauteur hautaine et vertueuse on reprochait aux croyants de se prétendre vertueux et supérieurs. Je pense au mépris incroyable des propos tenus par certains journalistes lors de la venue de Depardieu, qui a lu des extraits d'un ouvrage majeur de saint Augustin qui constitue un des grands phares de la civilisation occidentale. «Texte insolite au point qu'on se serait cru de retour des décennies en arrière. Il fallait se pincer pour y croire... On se sentait dans des sortes de limbes où les dimensions s'entrelaçaient sans vraiment se marier» (*Le Devoir*, 24 novembre 2005). L'auteur de cet article ne semble pas se poser à lui-même la moindre question sur son sentiment d'étrangeté, sur sa propre déculturation religieuse. Comme si son procès de la Grande Noirceur avait balayé en même temps des pans énormes de la culture occidentale. Un examen de cette inconscience n'a pas encore été fait chez nous. Eh oui, il y a aussi des préjugés antireligieux doublés d'ignorance, aussi déraisonnables que des croyances aveugles. Ceux-là se veulent non justiciables. Ici on peut dire les pires insultes, les pires propos haineux sur le catholicisme sans que la Commission des droits de la personne lève le petit doigt. Tout au plus nos propres symboles religieux n'auraient de sens qu'au titre de mémoire patrimoniale muséale, sans aucune valeur pour le présent. S'agit-il de transmission aux générations qui nous suivent... on en fait une mémoire morte, parce que non pertinente dans les enjeux d'aujourd'hui et de demain. Ce laïcisme a un je ne sais quoi d'intégrisme à l'envers qui contredit son discours de liberté, de tolérance, de dialogue et d'ouverture aux autres. C'est trop peu de dire qu'il y a là une automystification. Pour un esprit laïque européen, il est impensable de ne pas reconnaître chez les esprits religieux de l'histoire un humanisme qui peut être encore pertinent. Ici, au Québec, c'est tout le contraire. Plutôt la table rase. Il faut relire la fable sur le rat des villes et le rat des champs. Pour les «branchés» d'ici, il n'y a pas d'autre porte d'entrée dans la modernité que la leur.

Par exemple, dans le triptyque raison, morale et religion, des branchés d'ici réduisent le normatif de chacun de ces trois repères au seul référent: l'état actuel des mœurs. Peut-on mieux abolir toute distance sur soi individuellement et collectivement? C'est le *ground zero* de la philosophie, tout autant que de la raison, de la morale et de la religion. Et l'on appelle cela la vraie et seule posture progressiste, la plus avancée du monde. *No limit, no fault*, tout est égal. De quoi paver le chemin d'un conformisme tout-terrain. Une autre automystification. Comme le dit si bien le philosophe laïque Habermas, on mine même ainsi les assises normatives de la laïcité.

Habermas serait bien mal à l'aise devant certains jugements de la Cour suprême qui marquent peu de distance critique sur le repère de l'état actuel des mœurs.

Mes propres critiques sur certaines postures laïques actuelles n'entament pas ma conviction de l'importance de la laïcité, sur laquelle je reviendrai ultérieurement, mais j'aimerais bien qu'en toute honnêteté on soit aussi critique à l'égard des travers laïques qu'on l'est à l'égard des travers religieux. Sans compter le caractère injuste de la relégation globale de l'expérience religieuse.

La raison, la morale et la religion ont besoin l'une de l'autre pour signifier la transcendance de la dignité humaine, de «l'homme qui passe infiniment l'homme» (Pascal). N'est-ce pas ce que nous enseigne le meilleur de l'histoire humaine? On y trouve une normativité et un horizon symbolique qui n'ont rien de la mise à plat des repères juridiques et politiques, ou d'un simple décalque des mœurs d'une époque[2].

Il y a d'autres rapports au réel. Celui des arts, par exemple, se démarque de la logique scientifique que d'aucuns considèrent comme la seule vraie et sûre. De même l'intelligence morale (l'éthique) questionne les sciences et les politiques dans leurs pratiques, leurs objectifs et leurs choix. L'intelligence philosophique sonde la pertinence et la cohérence des interprétations du réel. Et combien de discours antireligieux ignorent l'intelligence symbolique du réel, surtout dans ses

2. Voir Thomas De Koninck (dir.), *La dignité humaine. Philosophie, droit, politique, économie, médecine*, Paris, PUF, 2005.

couches profondes qui échappent à la rationalité du mesurable ou du «théorisable», de l'utilitaire et de l'intérêt. Tel le mythe qui donne du sens là où il n'y a plus de sens, là où il y a questions sans réponses, là où il n'y a plus ni calculs ni raisons, là où l'expérience ne se laisse pas inscrire ni circonscrire dans le logos (langage) ou l'interprétation du message. Mythes et symboles sont doués d'une longévité surprenante parce qu'ils plongent leurs racines dans les constellations durables de la vie, du sentiment et de l'Univers (Mircea Éliade). On a dit que la postmodernité fait disparaître les grands récits qui ont inspiré les civilisations millénaires. On a peu évalué les conséquences de cette rupture dont l'affaissement des Églises en Occident n'est qu'un indice ou une des failles historiques.

La religion comme lieu de l'intelligence symbolique

De toutes les critiques de la religion, les plus incultes sont celles qui ignorent le langage et l'intelligence symboliques. Telles les formidables richesses de sens des œuvres picturales qui ont jalonné l'histoire humaine, ses cultures et ses civilisations, ses grands récits. Et pour nous, Occidentaux : la Bible et les tragédies grecques, l'architecture et la sculpture religieuses depuis deux mille ans, et les huit cents ans de musique sacrée et quoi d'autre encore ! J'y reviendrai dans la deuxième partie de cet ouvrage qui porte sur l'évolution historique de la culture chrétienne.

Comme éducateur, je suis effaré par les discours simplistes de disqualification globale de la religion que la jeune génération entend sur nos ondes et nos écrans. À quoi bon un petit programme scolaire de culture religieuse si l'univers médiatique quotidien est truffé de jugements négatifs rédhibitoires sur la religion, ici au Québec particulièrement. Ces grandes œuvres historiques que je viens d'évoquer auraient-elles été possibles si l'expérience religieuse avait été reléguée aux huis clos de la conscience ou à la vie privée. Il n'est pas nécessaire d'être croyant pour se rendre compte du caractère tordu de ce laïcisme, culturellement contradictoire, et historiquement aveugle, incapable de la moindre autocritique.

Ce laïcisme superficiel croit régler le compte de la religion en la réduisant à un mythe relevant de l'irréel et de l'irrationnel. C'est ignorer la riche réflexion sur le mythe depuis la tragédie grecque jusqu'aux structuralismes contemporains. C'est ignorer aussi la capacité, plus ou moins grande, selon les cultures et le temps, de l'esprit humain à accepter et à comprendre une pensée et un langage mythiques, souvent différents des siens. Depuis longtemps on a cessé de penser que le monde des mythes n'est que celui des représentations infantiles de l'humanité. Alors que le mythe est une des médiations de l'universalité de la raison humaine, de l'identité profonde des hommes et de leurs interrogations fondamentales, comme le soulignait il y a longtemps Aristote, le plus rationaliste des philosophes. Et bien d'autres après lui, qui ont considéré que le langage mythique est aussi constitutif de l'humanité. Sauf aux yeux des scientistes du xixᵉ siècle.

Le mythe est la projection que l'homme fait du monde qui l'entoure et dans lequel il vit. C'est l'expression d'une totalité, souvent à forte connotation religieuse. L'univers mythique appartient donc à l'existentiel. Il exprime une prise de conscience des réalités du monde et de l'aventure humaine. Il n'est pas seulement une structure d'existence, mais une règle pour l'action et la vie quotidienne, et bien sûr, un mode de connaissance. Plus largement, le mythe propose un ensemble de valeurs de référence dont le rôle est de rappeler constamment à la conscience d'un groupe humain les valeurs et les idéaux que celui-ci reconnaît et maintient. Il sauve l'individu de l'isolement en le faisant participer à un *ordo rerum* (ordre des choses) qui le dépasse mais dont l'être humain est partie prenante. C'est ce qui a amené des esprits laïques à se demander si nos sociétés sécularisées ont remplacé certaines couches profondes du triptyque raison, morale et religion dans la culture et la société. Ce genre de questionnement intellectuel est pratiquement absent de la plupart des discours laïques au Québec. Sans cette intelligence symbolique, on risque de perdre une voie importante d'accès à un des patrimoines les plus riches de sens dans l'histoire humaine. C'est là un des axes fondamentaux des *Mythologiques* de Charter-Mythes. Mais le mythe ne se ramène pas à une structure de langage et de référence. Il est porteur des contestations, des angoisses, des inquiétudes humaines. Il médiatise les contraires de la nature, de la culture et des croyances. Les mythes religieux témoignent de l'exploration par l'homme des confins du contingent et de l'inéluctable, du fini et de l'infini, du mortel et de l'éternel, et de cette part du monde que l'homme associe à une réalité qu'il juge transcendante, ou au moins supérieure à lui, et qui confère au mythe sa valeur de vérité sacrée. Mais c'est presque toujours par une transfiguration des réalités quotidiennes. Le mythe est une histoire qui ramène pédagogiquement une réalité mystérieuse à une expérience singulière et à une action précise, le rite.

À travers les rites, les mythes font comprendre à l'homme que la signification qu'ils lui fournissent des êtres et des choses qu'il voit est liée à sa propre existence. Ainsi les mythes expriment une expérience vécue dans le plus profond de l'être humain, et qui lui révèle le sens plénier des choses.

Dans la célébration du baptême, rite religieux de la naissance humaine et de la mise au monde d'une vie nouvelle, je me suis rendu compte qu'il y avait là, pour plusieurs parents, un rite religieux d'accès non seulement aux mystères chrétiens, mais aussi à la profondeur humaine et à sa transcendance dans la mise au monde d'un enfant et de la nouvelle aventure qu'elle inaugure. Une jeune mère me disait :

C'est au baptême que j'ai vraiment compris et vécu les profondeurs morales et spirituelles de ma propre existence, mon baptême d'adulte, quoi. Tout cela est venu me chercher jusqu'au tréfonds de mon âme, et de mon rôle de chaînon inestimable dans la trame des générations. Rien ici d'une fonction transitoire. Un refus radical de faire de l'enfant l'ultime bien de consommation qu'on s'offre. J'ai pris conscience alors qu'on n'avait pas remplacé ces couches profondes de sens véhiculées par l'expérience religieuse et la foi-espérance qu'elles peuvent susciter.

On comprend un peu pourquoi le baptême est un des rites les plus durables du christianisme. Précisément à cause du rapport au primordial, typique de la démarche mythique. Mais il y a plus.

Toute prise en considération du mythe se situe dans le cadre d'une anthropologie religieuse au sens large du terme. Le mode de représentation mythique n'est donc pas une étape inférieure de la rationalité, mais le lieu où les valeurs considérées par l'homme comme fondamentales et transcendantes à sa propre condition lui apparaissent comme immanentes et humanisées. C'est là l'assise anthropologique du mystère chrétien de l'Incarnation. Mais n'anticipons pas trop vite. La rencontre avec l'Autre, à laquelle nous invite toute recherche mythologique, n'est jamais la rencontre d'un être isolé dans son univers quotidien, mais d'un être qui se situe toujours en face d'un monde de valeurs et d'une réalité plus nette et plus haute que sa propre expérience et sa finitude. Réalité mystérieuse qu'il peut librement accepter ou refuser, comme guide et référence à sa propre vie.

Le mythe renvoie plus largement et profondément à l'intelligence symbolique qui déborde la démarche dogmatique trop souvent univoque dans sa pure rationalité. À ses débuts, le christianisme, même dans son credo de base, l'exprimait en symboles de la foi. Et l'on sait que le symbole donne à penser plus qu'il ne dit quoi penser. L'anthropologie religieuse que je viens de déployer nous le rappelle[3]. Cette remarque a d'énormes conséquences dans l'évolution historique de la pensée chrétienne, ses débats au cours des siècles et ses nouveaux défis dans nos sociétés sécularisées et laïques. Sans céder à un quelconque concordisme, je me permets de faire un rapprochement entre le monde d'aujourd'hui et un tournant historique. Dans les premiers siècles du christianisme, les païens romains disaient des chrétiens : «*Profanum illis omnia quæ apud nos sacra*» (Les chrétiens profanent tout ce que nous considérons comme sacré). Il y a quelque chose de cela dans les chocs interreligieux et dans les débats laïcité versus religion d'aujourd'hui. Il faudra y revenir.

Une compagne précieuse pour un nouvel humanisme

Si elle peut être une fuite du monde, la religion peut être aussi partie prenante de l'aventure humaine qui défie l'évidence et témoigne d'une expérience sensible du monde. En elle, le monde est posé comme énigme qui engage aux questionnements, à la disponibilité inquiète et courageuse à l'égard du sens et de ses possibilités. Elle peut révéler, à sa manière – comme l'art, la philosophie, le politique –, la part symbolique fondamentale de l'existence que constitue la demeure du langage, et dont la mémoire et le récit sont des expressions essentielles.

Il est vrai que l'idéologie technicienne dominante nous convainc du contraire, comme si la réalité allait de soi et ne nécessitait pas la médiation de la parole pour y avoir accès, pour la comprendre et l'habiter. Prenant appui sur l'ébranlement du sens, elle a fini par évacuer le sens, elle a reconstitué une nouvelle certitude aveuglante,

---

3. Michel Meslin, *Pour une science des religions*, Paris, Seuil, 1973. Avec cet auteur on comprend que l'intelligence symbolique et religieuse permet de penser plus loin qu'on ne sait. Comme les arts tous aussi précieux que les sciences. L'histoire en témoigne avec ses trésors de l'âme humaine.

en dissociant radicalement la réalité du sensé, le réel du symbolique ; cette rupture a permis des avancées techniques extraordinaires, nous assurant la possibilité de manipuler le monde à notre guise, comme s'il était une « chose », un matériau disponible, un entrepôt de forces et d'énergies. Il n'est pas sûr qu'elle permette encore longtemps d'habiter ce monde humainement. Hannah Arendt s'est penchée sur la signification de cette aliénation du monde qui caractérise la condition humaine contemporaine. L'homme agit dans le monde en oubliant son appartenance irréductible à la Terre, comme s'il était un habitant d'une autre planète. Ce faisant, il en vient de plus en plus à menacer ses conditions d'existence. « Il a trouvé le point d'Archimède, mais l'a utilisé contre lui-même », disait Kafka. Cette aliénation du monde est telle que nous en venons à percevoir notre existence pleine de vie alors qu'elle se mutile.

La liberté humaine, à cette enseigne, se heurte aux limites humaines – « le monde qui vit en nous » – comme à une infamie, alors qu'elles sont les conditions mêmes de son exercice, sans lesquelles la liberté devient une autre force de nécessité, de destin : la « tyrannie des possibilités ». Les Grecs avaient déjà baptisé cette tentation du nom de *hubris*, démesure. Comme si la liberté nous exonérait de n'être les obligés de rien et de personne.

Pourtant, la vie pour et en vue de la liberté à laquelle convie le politique est, dans sa visée, indissociable d'une solidarité humaine, « solidarité des ébranlés », dira Patocka, dépassement d'une existence centrée sur soi, ouverture au souci de l'autre et du monde auxquels notre existence est redevable et par l'entremise desquels nous devenons ce que nous sommes. La religion peut être une compagne précieuse, une source d'inspiration, dans cette conscience et ce désir d'être solidaires, de rompre la chaîne des injustices et d'habiter humainement – poétiquement – le monde[4].

4. Jean-Claude Ravet, « L'autonomie du politique », dans *Relations*, mars 2007, p. 19.

Petit essai prospectif sur les rapports au « religieux »

TOUTE TENTATIVE DE PRÉDICTION de l'avenir est le plus souvent téméraire, sinon périlleuse. Ce n'est que l'histoire à reculons qui peut nous permettre de considérer comme assez juste telle ou telle prédiction. Pensons, par exemple, au fameux ouvrage de Tocqueville *De la démocratie en Amérique*. Plus d'un siècle plus tard, on le trouve encore d'une actualité brûlante. Il est difficile d'en repérer plusieurs exemples semblables. Je dirais la même chose de ce qu'on appelle en sociologie *the self-fulfiling prophecy*, à savoir une prophétie qui provoque d'elle-même sa propre réalisation.

Tellement de prédictions ont été démenties. Ce qui a amené les sciences humaines, particulièrement, à se méfier systématiquement de la fonction prospective, tout en s'y adonnant si souvent! Mais c'est toujours en contrepoint de la rétrospective historique et des données du présent. Sans compter le fait indéniable des nombreux et énormes inédits de la modernité récente. On n'a qu'à penser aux extraordinaires avancées de la technoscience au cours des dernières décennies. «Précipitation de l'histoire», dit-on aujourd'hui. Une histoire de plus en plus imprévisible. Un avenir de plus en plus incertain. Une complexification croissante de la société. Un pluralisme tout-terrain dont on ne peut tracer la moindre figure d'avenir.

Ce qui provoque et suscite un repli sur le présent le plus immédiat, sur des liens humains de plus en plus courts pour ne pas dire éphémères. Sur la vie individuelle et privée, sur des politiques et une économie de court terme, sur des stratégies éducatives d'utilité immédiate. Dans un univers médiatique qui en est un pur et simple décalque. Ce qui fait dire à Umberto Eco: «La presse devient une vaste entreprise de commérage et la télé, la tribune des idiots du village, prêts à baisser leur pantalon dans les talk-shows[1].» Caricature, bien sûr, mais non sans une part de vérité.

Il n'y a pas que l'avenir qui s'estompe, mais aussi l'histoire qui nous précède, et même ses grands récits, y compris l'immense pan de la mémoire religieuse. Un nouveau procès émerge, celui des historiens. Marcel Trudel s'en fait l'écho: «L'historien est en effet mal placé pour reconstituer le passé d'une façon authentique. Cet homme qui se veut le témoin fidèle d'une société disparue est né parfois deux ou trois siècles après ce qu'il veut décrire. Il a grandi dans un monde absolument différent. Il parle une langue dont les mots n'ont plus toujours le même sens.» Autre caricature, mais non moins révélatrice d'une tendance vers le virtuel qui remplace le réel? Telle «une révolution technologique qui accouche d'un régime de populisme médiatique qui "carnavalise" nos sociétés[2]». Avec raison, on dira que ces propos pessimistes s'aveuglent au point de mettre en veilleuse les progrès accomplis. À tout le moins ne révèlent-ils pas le climat de morosité et de méfiance actuel? Il y a là plusieurs disqualifications du passé, du présent et de l'avenir. Un nihilisme souterrain? Une désespérance? Une crise de la foi?

Il m'a semblé nécessaire d'évoquer ce fond de scène avant d'entreprendre ce petit essai prospectif des rapports au religieux. Je dis «petit» comme pour marquer la modestie,

1. Umberto Eco, À reculons comme une écrevisse, Paris, Grasset, 2006.
2. Ibid., p. 27.

même dans la plausibilité du fond de scène que je viens d'évoquer. Sans pour cela minimiser ma posture de long terme, soucieuse de situer le présent dans la longue histoire qui l'a précédé et les conséquences d'avenir de nos choix, débats et combats d'aujourd'hui. Y a-t-il conscience historique sans cette démarche?

Dans les décennies qui ont suivi le passage de ladite société traditionnelle à la société moderne, on a sonné le glas de la religion au nom d'une inéluctable sécularisation. Le constat de celle-ci, bien sûr, ne manquait pas de prise sur le réel et de pertinence. Mais c'est la certitude de cette prophétie sur la prochaine mort de la religion qui s'est avérée fausse. Quant à la mort de Dieu, c'était plutôt une référence critique de philosophes et même de théologiens occidentaux. Chez d'autres, c'était la réduction de la religion à la vie privée. Même récemment le fameux ouvrage de Marcel Gauchet sur le désenchantement du monde et la sortie de la religion a continué de faire autorité chez les spécialistes de la «chose religieuse». La dernière chose à laquelle on s'attendait, c'est la résurgence de la religion dans l'espace public de nos sociétés laïques et, plus largement, dans le champ géopolitique, comme c'est le cas aujourd'hui.

Il faut voir les torsions de raisonnement et d'analyse pour éviter un retour critique sur la méprise de ces prophéties laïques. Par exemple, ce fréquent réflexe de réduire les explosions socioreligieuses à un pur phénomène politique, comme si on ne savait plus penser le religieux comme tel, tout en lui soutirant toute assise rationnelle. Mais il y a plus. Comment a-t-on pu intellectuellement, pour ne pas dire intelligemment, croire qu'allait s'effacer rapidement la très longue histoire religieuse de l'humanité? Depuis un bon moment, je n'arrive pas à comprendre pareil aveuglement. Les travers religieux — qu'il faut toujours combattre — servent aussi à discréditer globalement la religion au point d'éviter qu'on la prenne en compte dans la société réelle et dans les rationalités psycho-logiques, sociologiques, culturelles et politiques. Bref, on est enclin à penser et à agir comme si elle n'existait pas. C'est ce que j'ai constaté et vécu dans les milieux institutionnels et professionnels où j'ai eu à œuvrer. N'existent alors que les travers religieux qui donnent les raisons d'un non-droit de cité. Pour aucune autre dimension de la vie, on accepterait de raisonner et d'agir ainsi. Je vais essayer de retracer les filiations de cette posture qui, je l'avoue, a sa part de vérité.

Il y a quelques années, j'ai participé à une vaste recherche internationale sur les valeurs en Europe de l'Ouest et en Amérique du Nord. Dans les interviews, le visage, la posture physique et le propos changeaient lorsqu'on abordait la réfé-rence religieuse. Dans la plupart des cas, il n'y avait aucune attitude neutre. Plutôt un positionnement rigide, même chez ceux qui se disaient indifférents en la matière. Comme si la religion était un objet d'adhésion ou de non-adhésion globale, même lorsqu'on distinguait ses croyances, ou encore ses incroyances. Je retiens ici de la religion, le rapport d'adhésion ou de non-adhésion. Ce qui m'a aidé à comprendre pourquoi des jeunes se sont braqués quand on a remplacé en France des professeurs de catéchèse par des spécialistes de science de la religion dits neutres, totalement objectifs, à la façon de Durkheim, qui considérait les faits sociaux comme des choses, des objets. Comme si ces jeunes sentaient, pressentaient une sorte de porte-à-faux dans cet enseignement qui ne trans-mettait que la coquille vide des croyances. Sans l'expérience religieuse, sans âme, sans la chaude humanité, sans l'acte vital du croire, sans l'horizon de sens de l'esprit religieux. S'agit-il de culture religieuse, elle est alors expliquée et reçue comme une culture morte.

En termes prospectifs, et à titre d'hypothèse, je me demande si on ne connaîtra pas quelque chose de semblable dans le prochain programme scolaire sur la religion au Québec. Et j'ai l'impression qu'on ignore totalement cette éventualité. On me dira que les sondages ne vont pas du tout en ce sens. Alors, je m'étonne qu'on taise certaines données factuelles comme celle-ci : en 2005-2006, au Québec, 75 % des élèves du primaire et 63 % de ceux du secondaire étaient inscrits à des cours d'enseignement religieux catholique ou protestant, alors qu'ils auraient pu s'inscrire au cours de morale. Et on persiste à dire que la majorité des parents ne veulent plus de cet enseignement. Va-t-on passer d'un confessionnalisme à tout crin à un laïcisme à tout crin ? Heureusement ce nouveau programme scolaire témoigne d'une laïcité ouverte.

En somme, je veux attirer l'attention sur ceci : *on ne peut traiter le rapport à sa propre religion historique culturelle et à son contexte existentiel chargé d'expériences, d'appartenances et de multiples liens mémoriels ou autres, comme les rapports aux autres croyances qui n'ont pas de tels ancrages.* C'est sur ce terrain-là, peut-être, que de nombreux parents vont réagir. Il y a tout un monde entre une croyance inculturée et une croyance détachée de son contexte historique culturel et symbolique. Je rappelle ici une remarque fort pertinente d'une de mes étudiantes, vietnamienne bouddhiste, qui disait à ses collègues québécois : « Si vous êtes délités de votre propre culture religieuse historique, vous serez noyés par les nouveaux affluents de croyances autres, comme une rivière sans lit profond et balises solides, inondée au point de perdre son propre tracé. À vouloir être d'un peu partout, on risque d'être nulle part. C'est du particulier qu'on va vers l'universel et non l'inverse. »

Ces remarques judicieuses pointent les énormes et complexes défis de ce nouveau programme scolaire.

— Défi de confusion mentale. On ne peut pas repiquer et bricoler quelques croyances tirées de systèmes culturels et religieux fort différents les uns des autres. Même les

plus grands «spécialistes» ont peine à maîtriser l'ensemble de ces systèmes et s'y perdent souvent!
— Défi d'une multiplication des sentiments d'étrangeté face à tant de références symboliques. Le tissage et le métissage interculturel et interreligieux tiennent de longs processus historiques, comme nous l'enseigne l'anthropologie. Même la tradition judéo-chrétienne multimillénaire est traversée par de nombreux emprunts et influences culturels et religieux, comme nous le verrons dans la deuxième partie de cet ouvrage.
— Défi de la requête d'un immense pool de connaissances pour aborder et traiter intelligemment les autres vastes champs religieux qui, eux aussi, ont une longue histoire. Sans compter la diversité des traditions, écoles et familles spirituelles en chacun de ceux-ci. Penser que les transmetteurs de ce programme pourront acquérir même un minimum de formation en quelques sessions pédagogiques, c'est rêver en couleur. Et que dire de la capacité de réception des enfants et des adolescents!

Les discours que j'entends sur ce programme sont porteurs de grandes et sublimes promesses de compréhension mutuelle, de convivialité assurée, de tolérance, de bonne entente universelle, etc. Comme éducateur, j'ai constaté souvent les effets négatifs chez les jeunes quand ils se rendent compte du décalage, pour ne pas dire de la contradiction, entre ce qu'on enseigne et ce qui se passe véritablement dans le monde réel. Quand l'écart est trop grand entre ces deux pôles, la crédibilité du transmetteur est minée et s'en suit le rejet par les récepteurs.

Toutes ces mises en alerte ne m'empêchent pas de reconnaître l'intérêt de ce nouveau programme et de souhaiter son succès. Mais je suis inquiet du peu de sens critique qui l'accompagne, et du manque de conscience de l'ampleur des défis qu'il représente. Surtout quand je songe à nos débats récents sur les rapports au religieux qui sont de plus en plus explosifs sur un fond de scène géopolitique qui l'est encore plus et qui n'est pas sans retentir dans nos consciences et notre société. Je le redis, c'est se faire illusion de penser que la question religieuse ne se loge que dans la vie individuelle et privée. L'histoire d'hier et d'aujourd'hui dément ce réductionnisme.

Je comprends que les esprits laïques se méfient particulièrement de la religion, fût-ce parce que celle-ci est portée à absolutiser, même en détail, ses croyances et ses prescriptions. La laïcité est d'autant plus nécessaire pour assurer la viabilité de nos sociétés pluralistes et aussi pour amener les religions à se donner des vis-à-vis critiques, éthiques ou autres. La laïcité aussi ne gagne pas à jouer de l'absolu elle-même. Les batailles d'absolus ne mènent nulle part. Ce genre d'identité est souvent meurtrier, sinon générateur d'exclusion et de sectarisme. Le xxe siècle a connu aussi des dogmatismes laïques. Il n'est pas inutile de le rappeler. D'aucuns disent que c'étaient des religions séculières. Il y a là une part de vérité.

Quelques repères prospectifs

Restent bien des questions en suspens. Face à une mondialisation uniformisante à plusieurs égards, pourquoi recourt-on d'entrée de jeu à la religion pour légitimer sa révolte d'identité?

Qu'y a-t-il à tirer du fait que les diverses formes de laïcité sont de plus en plus mises en échec face à ces explosions des identités politico-religieuses? C'est trop peu dire et penser que d'y voir une idéologie communautariste qui expliquerait tout ce fond de scène fort complexe.

Nos sociétés occidentales sont-elles vulnérables parce qu'elles seraient atomisées en agrégat d'individus ou parce qu'elles sont contradictoires: idéalement égalitaires et pratiquement inégalitaires, ou parce que libertaires et seulement «accommodantes», ou parce que le monde «blanc» est en train de perdre sa force morale en se stérilisant démographiquement?

Les enjeux de l'environnement et les assises de la vie gravement menacées semblent s'imposer comme la priorité des priorités. Est-ce une chance historique pour se donner ensemble une même communauté de destin, tout en rendant dérisoires les batailles de religions, d'idéologies ou de marchés, ou encore d'ethnies?

Ce dernier questionnement nous amène au versant positif qui lui aussi mérite d'être exploré. Car paradoxalement, toutes ces interrogations critiques sont en train de susciter de nouveaux sursauts de conscience. Ceux-ci, dans l'histoire, ont souvent été les démarreurs, les «ouvreurs» d'autres chemins de sens, d'humanité et de foi. C'est ainsi que des régimes totalitaires ont été renversés, des révolutions et des réformes mises en œuvre, des dépassements prometteurs résolument engagés.

Tout se passe comme si les seuils critiques évoqués plus haut provoquaient une maturation des consciences, bien au-delà des réactions du moment ou des indignations ponctuelles et passagères. En des termes parfois aussi simples que ceux-ci : «On ne peut plus laisser aller les choses comme elles vont présentement.» D'où des refus plus fermes et durables et des volontés porteuses de plus profondes convictions.

Les idéaux des droits humains fondamentaux, d'un nouveau partage des richesses, d'éradication de la pauvreté, d'une nature mieux respectée, d'une paix et d'une fraternité à bâtir, gagnent du terrain, plus qu'on ne le dit. En tout cas, ils inspirent des luttes plus positives et sensées que ces guerres folles et barbares qui perdurent encore aujourd'hui.

Ces idéaux dont on sait la part utopique s'accompagnent d'un souci d'objectifs plus réalistes, fût-ce pour éviter de mystifier les consciences. Après un temps de promesses paradisiaques suivies de multiples freins, obstacles et échecs, on ne peut plus nier la finitude humaine, et les incertitudes de ses chemins jamais dessinés à l'avance, « à l'ombre d'une histoire plus indéchiffrable que jamais ».

Encore récemment, on considérait ce genre de propos comme des vœux pieux. Comme d'autres qui niaient la radicalité des problèmes soulevés. Combien, par exemple, ont minimisé les enjeux de l'environnement ? Les échéances de la planète fondées sur de nombreuses recherches scientifiques ont valeur de parabole incontournable d'une inévitable communauté de destin, sans laquelle tout le monde risque d'y perdre. L'avenir devient tout à la fois objet de réévaluation lucide du présent, d'engagement durable et de foi plus résolue.

Mais il y a aussi des nouvelles consciences plus modestes, signes avant-coureurs d'un renouveau.

— Les inquiétantes guerres religieuses actuelles nous incitent à repenser les rôles des religions. Les croyants eux-mêmes ont à éradiquer leur part d'inhumanité et à promouvoir le meilleur d'elles-mêmes, et paradoxalement, à valoriser le caractère précieux de la laïcité comme base commune de nos cités pluralistes. Paradoxalement aussi, les débats actuels tendent à déboucher sur d'inédits dialogues interreligieux, et entre esprits laïques et esprits religieux. Y compris des alliances entre ceux-ci et ceux-là pour contrer les intégrismes de tous ordres. Certes, ces inédits de l'histoire ne sont qu'en émergence, en germe. Raison de plus pour leur donner toutes les chances d'éclore.

— Il y a aussi de nouvelles consciences au plan idéologique. Certes, il est illusoire de nier les catégorisations : droite et gauche, conservatisme et progressisme. Mais il y a tant d'enjeux actuels qui nous incitent à mieux discerner ce qui exige la continuité, ou des ruptures, ou des réformes, ou des créations plus ou moins inédites. La démonisation mutuelle entre conservateurs et progressistes bloque cette lucidité et cette responsabilité de discernement. Plusieurs contemporains en prennent conscience et se donnent des pratiques plus judicieuses à ce chapitre.

Voici un exemple de déplacement sur l'échiquier idéologique. On constate chez nous un regain de la natalité, une nouvelle volonté de fonder une famille durable, un souci de plus solides assises institutionnelles et un début de réintégration du religieux pour mieux inscrire celles-ci dans la durée. Par exemple, peut-on voir un conservatisme éculé dans ce goût des jeunes parents de vivre à la maison avec leur bébé dans le cadre des congés parentaux. Une recherche récente sur ce phénomène a révélé des choses étonnantes et neuves qui devraient nous faire réfléchir sur une certaine opposition simpliste entre conservatisme et progressisme. En effet, ces jeunes parents nous ont dit : «Autrefois, c'était une obligation traditionnelle, mais pour nous, c'est un choix libre.» Comme s'ils voulaient recomposer ou mieux composer les valeurs de progrès et les valeurs de durée. Un phénomène neuf qui va au-delà de la dichotomie simpliste précitée.

Voilà un bel exemple d'une nouvelle synergie. Un indice parmi d'autres de recompositions qui accompagnent de nouveaux styles de vie, de nouvelles pratiques, de nouvelles postures. Par exemple, d'autres rapports entre laïcité et religion, droit et morale, privé et public, nature et culture, économie et politique, foi et raison. Un nouvel humanisme, quoi... tissé de raccords inédits.

La société de plus en plus fragmentée, outre la confusion sociale et mentale qu'elle provoque, rend de plus en plus difficile l'inscription des citoyens en elle. D'aucuns misent sur un socle juridique commun ; d'autres, sur la laïcité politique ; d'autres, sur une éthique de base commune ; d'autres, enfin, sceptiques devant ces solutions, se replient sur la délibération démocratique permanente et des accords provisoires.

Mais ce qui me frappe, dans les pratiques institutionnelles et politiques, ce sont la fuite des questions de contenu de sens et le repli sur des logiques procédurales qui renvoient à des tiers experts du «comment», sans quoi, ni pourquoi.

J'ai vécu cela dans une régie régionale pendant quatre ans, où l'on n'a pas accordé deux heures sur le sens de ce qu'on faisait et sur ce qui se passe chez ceux qui sont l'objet de nos interventions. C'est ainsi que même des institutions à vocation humaine deviennent des appareils dont le bon fonctionnement est la seule idéologie. Un antihumanisme, quoi !

Et je me demande si la société sécularisée a remplacé les couches profondes de sens que véhiculaient l'expérience religieuse. Ce qui amène plusieurs contemporains à «sauter» sur les premières croyances qui s'offrent à eux, hors de véritables assises culturelles et souvent hors du «pays réel». Substitut qui aboutit rarement à se donner un solide socle intérieur et une philosophie sociale capable de fonder des engagements citoyens judicieux et durables.

Loin de moi l'illusion de penser que la religion même la plus éprouvée historiquement est la *réponse* à ces profonds défis. Mais elle n'en demeure pas moins une interrogation, d'une part, sur les horizons de sens ouverts par l'expérience religieuse tout au long de l'histoire humaine et, d'autre part, sur la crise d'espérance fort répandue dans nos sociétés laïques et jusqu'au fond des consciences.

Dans le prochain chapitre, j'aborderai les questions de contenu de sens de la laïcité, en termes d'humanisme, avec la place qu'on peut accorder à la religion dans l'espace public, au sens que lui donne Hannah Arendt. Ce qui introduira la deuxième partie qui porte sur l'évolution historique du christianisme, de son humanisme, de son ouverture à la laïcité, et sur ses nouveaux apports possibles.

La laïcité peut-elle devenir la clé de voûte d'un nouvel humanisme ?

DANS LE CONTEXTE GÉOPOLITIQUE ACTUEL de mondialisation et des révoltes identitaires, et du pluralisme croissant dans nos sociétés occidentales, certains pensent qu'il faut d'abord commencer par se donner ensemble un nouvel humanisme dans le cadre d'une laïcité ouverte. Fût-ce pour contrer les intégrismes dont la figure la plus troublante est le régime théocratique de la charia, antihumaniste à plusieurs titres.

D'autres, non sans raison, y verront une utopie inaccessible, qui au nom des conflits d'intérêts économiques, qui au nom de la *realpolitik*, qui au nom de la priorité de la lutte contre l'inégalité et la pauvreté, qui au nom de la diversité culturelle et religieuse porteuse de plusieurs humanismes existants ou possibles.

De toute façon, peuvent-ils dire : «La laïcité, c'est une affaire d'Occidentaux des sociétés sécularisées», ce qui ne tient pas compte des nombreuses sociétés sacrales qui existent encore aujourd'hui. De plus, la laïcité n'est-elle pas aussi utopique dans sa conception de la neutralité, par exemple, à l'égard des impacts de la diversité religieuse dans l'espace public, dans les débats démocratiques, dans les finalités de l'éducation et les conflits idéologiques?

Les diverses formes de régimes laïques sont loin d'être concordantes, telle la laïcité française idéologique et niveleuse versus l'anglaise et l'allemande très sécularisées dans la

vie quotidienne, mais où la référence et l'appartenance religieuses sont symboliquement importantes. On s'y méfie de la
raison abstraite. Par exemple, une centration sur l'égalité des
individus qui ne tient pas compte de la réalité des identités
historiques et communautaires.

Et puis, il y a les contestables relents scientistes positivistes
du xixe siècle encore vivaces, inspirés de Condorcet qui parta-
geait le genre humain en deux classes : ceux qui raisonnent et
ceux qui croient.

Avec la laïcité, on s'aventure donc sur des terrains forte-
ment sédimentés dans des ancrages historiques, culturels et
religieux. Elle se trouve, pour reprendre les termes de Michel
Foucault, «prise dans l'épaisseur d'un cumul (de sédiments)
qu'elle ne cesse pourtant de modifier, d'inquiéter, de boule-
verser et parfois de ruiner[1]».

Le discours sur la laïcité au Québec est trop souvent ignare
de la longue histoire fort complexe qui la précède, et qui a
beaucoup à voir avec celles de l'humanisme et aussi de l'évolution historique du christianisme.

Rappel historique

Durant ses premiers siècles, le christianisme a fait face à une
vaste mouvance très diversifiée du gnosticisme et du «religieux à mystères» qui se projetaient dans un monde ésotérique, magique, hors de la condition humaine réelle. Ces
mouvements religieux ont envahi aussi des milieux chrétiens.
À titre d'exemple, j'évoque ici la figure d'un Christ mythique
qui arrive au ciel en ricanant, en se moquant des pauvres êtres

---

1. Michel Foucault, *L'archéologie du savoir*, Paris, Gallimard, p. 164. Voir aussi *Autres regards sur la laïcité* (numéro thématique de la revue *Théologiques*), Université de Montréal, mars 1998, p. 3. Voir aussi Jacques Zylberberg, «Laïcité, connais pas : Allemagne, Canada, États-Unis, Royaume-Uni», dans *Pourvoirs*, n° 75, décembre 1995, Paris, Seuil, 1995, pp. 37-52.

humains stupides et ignares. Notons ici que le gnosticisme se prétend un savoir absolu qui ne fait place à aucun doute, aucun questionnement, aucun débat d'interprétations. Bref, une déshumanisation à la fois du savoir et du croire ! Si bien que la première lutte du christianisme fut celle de la défense de la condition humaine, de l'humanité de Jésus-Christ et à travers Lui, de l'humanité de Dieu. Ce qui est une des spécificités du christianisme par rapport aux autres monothéismes et aux dieux païens.

Mais déjà l'évolution des croyants dans la Bible a connu un basculement porteur d'un jalon humaniste. À savoir la prise de conscience d'un monde qui se tient par lui-même, et de l'être humain comme sujet libre, responsable, interprète et décideur. Bref, un passage de l'être païen agenouillé (devant les dieux) à l'être humain debout dans la vie comme dans la foi, auquel Dieu offre gratuitement une alliance. Donc, un Dieu autre, et l'être humain comme autre, de plain-pied dans cette alliance.

On trouve aussi dans l'évolution de la tragédie grecque d'Eschyle à Euripide un basculement vers l'autonomie de la conscience humaine qui marquait une amorce de sortie du fatalisme (Moïra).

Plus tard, Jésus de Nazareth ira plus loin dans sa posture humaniste, en faisant de l'humain bon, juste et solidaire, et de la fraternité universelle, le critère premier et décisif du sens de la vie et de la foi, et de sa mission terrestre confiée par Dieu. S'agit-il de laïcité, on ne trouve dans les Évangiles aucun modèle à cet égard, comme si cela relevait de la responsabilité entière des humains.

Ce qui nous ramène aux premiers temps du christianisme évoqués plus haut. La fameuse lettre à Diognète est emblématique de la portée humaniste des sources biblique et évangélique. On y dit que les chrétiens se doivent d'être parmi les meilleurs citoyens. C'est là une claire prise de position humaniste et laïque.

Mais c'est saint Augustin qui représentera la figure la plus riche de l'humanisme d'inspiration chrétienne. Même des esprits laïques d'aujourd'hui considèrent Augustin comme un précurseur de la conscience moderne et de l'humanisme occidental. Hélas! sa conception manichéenne des deux cités (cité de Dieu et cité des hommes) ternit son humanisme. Mais on peut le comprendre, si on resitue sa pensée dans le contexte de l'effondrement de l'Empire romain, des invasions barbares et de l'éclatement des cités du temps.

Ces éclatements ont amené l'Église, par la suite, à se considérer comme un substitut de société, fondée sur la domination des clercs sur les laïcs. À un point tel qu'au début du deuxième millénaire, le pouvoir spirituel de l'Église s'affirmait comme autorité sur tous les pouvoirs temporels. Et le statut des laïcs tenait d'une subordination aux clercs. C'est autour des années 1300 que la cité médiévale cléricale va commencer à se désagréger. Le peuple, en se donnant des organisations relativement autonomes (corporations et confréries), amorçait ainsi une première émancipation des clercs. Des mouvements laïcs, évangéliques et anticléricaux, comme les cathares et les vaudois, annonçaient la prochaine rupture protestante. Les premiers laïcs à contrôler leurs écoles sont les hérétiques de milieux catholiques.

Mais un phénomène beaucoup plus large va advenir. Il s'agit de la constitution des bourgs autour des cités médiévales. Ces bourgs vont être la matrice d'une société autre, d'une époque nouvelle: la Renaissance. Un nouveau type de laïc apparaît: l'humaniste et le citoyen[2]. Le déclin de l'autorité de l'Église sur les sociétés européennes date de cette époque. Ainsi que la naissance de ce qu'on pourrait appeler l'esprit laïque.

---

2. Voir le solide article de Solange Lefebvre, «Origines et actualité de la laïcité», *Théologiques*, Université de Montréal, mars 1998, p. 63-79. Je m'en inspire ici.

De Lagarde distingue trois formes d'esprit laïque.

1. Des laïcs cherchent à reprendre au sein de l'Église le contrôle direct du spirituel. Il y a là un début de désinstitutionnalisation de la religion ; un peu comme ce qui se passe aujourd'hui.

2. La société civile revendique l'intégralité de ses droits sur l'ordre social et politique. En germe donc, la séparation de l'Église et de l'État.

3. Appuyé sur les deux formes précédentes, l'esprit laïque dénie tous les droits exercés depuis des siècles par l'Église et le clergé sur la vie sociale[3].

Ces multiples mouvances laïques ont provoqué des replis de l'Église sur elle-même, déjà annoncés par la condamnation du grand théologien saint Thomas d'Aquin par l'archevêque de Paris. C'était le début du divorce entre l'Église et la culture moderne en gestation. Le concile de Trente et sa contre-réforme vont marquer une néocléricalisation de l'Église et un dogmatisme autoréférentiel sans le moindre emprunt au nouvel humanisme laïque, comme si celui-ci n'avait rien à lui apprendre, surtout pas au plan religieux et chrétien. La démonisation du protestantisme naissant en est un bel exemple.

Ainsi se prépare un monde de «laïques» qui auront leur propre enseignement, leur morale, leur culture. Et chez certains, leur religion. Certes ces ruptures seront instituées plus tard. Mais l'esprit «laïque» a continué son émancipation dans le champ culturel (Montaigne), dans le nouveau champ scientifique (affaire Galilée). Charles Taylor a fait une analyse comparative fort pertinente de l'évolution des rapports au monde moderne dans les pays protestants et les pays catholiques de l'époque. Ces deux assises historiques nous aident à comprendre les différents types de laïcité qui

3. Georges De Lagarde, *La naissance de l'esprit laïque au déclin du Moyen Âge*, Louvain, Nauwelaerts, 1956.

ont cours encore aujourd'hui. Cela vaut pour les rapports à la religion.

Le contentieux entre l'Église catholique et le monde moderne a suscité un laïcisme antireligieux et un humanisme correspondant qui vont s'imposer au siècle des Lumières, et au xixᵉ siècle, en France particulièrement. En celle-ci surgira un étonnant paradoxe, à savoir la sacralisation de l'État laïque et d'aussi étonnantes transactions avec les institutions religieuses dont témoignait déjà la fameuse loi de Jules Ferry sur la laïcisation dans le dernier quart du xixᵉ siècle. Notons toutefois la visée très claire et légitime au meilleur de la laïcité, telle sa volonté de constituer un espace scolaire laïque comme lieu d'accueil universel[4].

Mais on ne peut mettre en veilleuse une tendance de fond de l'humanisme laïque dans ses assises historiques, à savoir une recherche de repères éthiques et culturels hors des religions. Au début du xxᵉ siècle, face au vide laissé par la marginalisation de la religion, on a beaucoup investi dans la morale comme lieu de sens, avec cette conviction que la conscience citoyenne ne suffisait pas.

En effet, la laïcité tenait avant tout d'un concept politique. Au cours du xxᵉ siècle, la laïcité a été débordée par un phénomène beaucoup plus large : la sécularisation qui traverse la plupart des sociétés occidentales. Alors que la laïcité concerne surtout l'État et le lien politique, la sécularisation concerne le vaste champ social et culturel des façons de vivre, des pratiques et des objectifs de vie, sans régulation des Églises.

4. René Rémond, *Nouveaux enjeux de la laïcité*, Paris, Centurion, 1990, p. 160.

Les enjeux contemporains

Voilà pour le rappel historique. Aujourd'hui les choses sont moins claires tant au chapitre de la sécularisation qu'au chapitre de la laïcité.

On a dit que le républicanisme français et l'*American way of life* sont souvent vécus comme une religion civile. Des pays comme la Hollande et l'Allemagne, entre autres, se démarquent du principe radical de séparation entre l'État et les organisations religieuses. Ici, au Canada, qui se définit en termes de multiculturalisme, plusieurs communautés culturelles tiennent à leur propre religion comme une dimension importante de leur identité. Et ce n'est pas sans réfractions politiques, sinon juridiques et sociales. Avec cette ambiguïté, à savoir leur recours à la Charte des droits pour pratiquer un communautarisme hors de la base commune de la société. Ici, il faudrait nuancer cette remarque. Ce ne sont pas toutes les communautés culturelles qui tendent à se constituer en société dans la société, tout en se servant de la Charte des droits pour légitimer leur marginalité. Et puis, il y a une souplesse de transactions en accommodements raisonnables bien balisée juridiquement. Il y a aussi un contexte particulier au Québec où l'on trouve différentes visions de la société québécoise en ce qui concerne son identité et les façons dont celle-ci peut être menacée. Il se peut qu'ailleurs au Canada se pose un défi semblable. Comme en Ontario, à propos des tribunaux islamiques. Évidemment, on n'en est pas aux affrontements explosifs qui se produisent parfois en Europe.

Mais il existe d'autres chocs possibles entre, d'une part, la conception laïque qui distingue et sépare le régime politique souverain dans ses choix et, d'autre part, les communautés qui transmettent leurs propres symboles de la foi. Il y a là un écheveau complexe de logiques parfois plus discordantes que concordantes.

S'y ajoute le phénomène de la désinstitutionalisation de la religion sous la poussée croissante de la sécularisation, de la laïcisation et de la subjectivisation de l'expérience religieuse. Ce qui conforte une certaine posture laïque qui reconnaît publiquement la liberté de conscience et de religion à tout individu, et non à la religion en tant qu'institution. On peut comprendre ce positionnement là où historiquement une Église a longtemps exercé un pouvoir autoritaire sur la société, et d'exclusion des autres religions[5]. Mais il faut bien reconnaître que les libertés de culte, d'expression et d'association s'exercent nécessairement dans l'espace social, dans la société civile.

À ce chapitre, on a confondu à tort les sociétés athées avec la laïcité. Les régimes stalinien et hitlérien ont pratiqué, au nom de l'athéisme, une hostilité féroce contre la liberté religieuse. Tout le contraire d'une laïcité qui reconnaît la liberté religieuse jusqu'à lui apporter même la garantie de l'État[6].

Mais la notion de laïcité et sa réalité sociologique ne cessent d'évoluer. Pensons aux nouveaux enjeux et débats éthiques qui retentissent dans les sphères étatiques, juridiques, techno-scientifiques et religieuses qui toutes veulent s'inscrire dans le débat démocratique. En celui-ci, ces sphères ont des positionnements interprétatifs et délibératifs différents : gouvernement, magistrature, experts et citoyens considérés individuellement ou collectivement. Cela appelle une nouvelle civilité (É. Poulat), une base commune de valeurs (É. Durkheim), un nouvel humanisme.

Mais comment ne pas souligner ici que toutes ces sphères institutionnelles connaissent une crise de crédibilité chez un grand nombre de citoyens. Là où le bât blesse le plus,

5. Alain Touraine, *Pourrons-nous vivre ensemble ? Égaux et différents*, Paris, Fayard, 1997.

6. Maurice Barbier, *La laïcité*, Paris, L'Harmattan, 1995, p. 79. Voir aussi Micheline Milot, «Une façon de vivre ensemble», *Théologiques*, mars 1998, p. 18.

peut-être, c'est la menace des valeurs de la modernité par ceux qui avancent des théories englobantes antidémocratiques, anti-modernes, exclusives et réfractaires à tout débat de sens et à tout autre contrat social que le leur. Bien sûr, c'est le fait de groupes minoritaires de tendance sectaire. Pendant un bon moment, la majorité s'en est tenue au silence face à cette menace. Mais il semble que ce n'est plus le cas, si l'on en juge par certains signes avant-coureurs.

D'aucuns pensent qu'à trop valoriser les particularismes communautaires, on fragmente la société et toute possibilité d'appartenance commune. Mais par-delà ce procès du communautarisme, reste l'énorme défi de faire société avec un agrégat d'individus qui se veulent, chacun, mesure de toute chose.

Un autre regard sur la laïcité, dont il ne faut pas oublier l'origine française, est proposé par J. T. Godbout. « Dans ce lieu sacré de la modernité à la française qu'est l'école laïque, on doit se dépouiller de ses liens sociaux, y pénétrer comme individu isolé, sans racine, sans histoire. À cette condition on aura accès à la lumière de la raison, oblitérant tout autre aspect du réel[7]. »

Le procès du communautarisme aurait-il une filiation de méfiance à l'égard de la *communauté*, particulièrement dans l'esprit français ; influence qui marque l'esprit québécois. Et pourtant notre américanité, partagée avec les Anglo-Saxons, nous a transmis une sensibilité communautaire qui, soit dit en passant, a permis l'éclosion de la démocratie beaucoup plus que l'idéologie et la raison abstraite de la citoyenneté française. Beaucoup d'esprits laïcistes d'ici se rattachent à celle-ci, y compris à l'étatisme français. D'où leur volonté que rien n'échappe au système qu'on entend mettre en place.

---

7. Jacques T. Godbout, « Qui a peur de la communauté ? », *Théologiques, op cit.*, p. 29.

Cette filiation québécoise au modèle français semble ignorer que celui-ci paraît incapable d'intégrer les liens communautaires. Ceux-ci deviennent même une menace potentiellement permanente pour l'État de droit universel, laïque. On élimine ainsi la possibilité pour la société de détenir une légitimité en dehors de la construction abstraite des droits de citoyens isolés, seuls devant le système auquel ils doivent s'identifier. La méfiance à l'égard de la notion de communauté vient de l'absence d'une vision de la société existant par elle-même, indépendamment du pouvoir et de l'État. «N'oublions pas que la France a pendant presque tout le xixe siècle interdit l'association, ne pouvant pas imaginer l'existence d'intermédiaires entre l'État et chaque citoyen pris individuellement[8].»

Cela me rappelle les propos d'un de mes maîtres. Marcel Mauss disait que l'intérêt général est une émanation des liens sociaux concrets qui sont l'humus de toute société. Qui dit humus dit base vitale, enracinement, capacité de régénération et d'accueil de semences nouvelles et anciennes. Sans cet humus, la société, et encore plus la laïcité, risque de s'assécher rapidement. Un bel exemple de cet appauvrissement nous est proposé dans le propos qui suit: «La réflexion sur la laïcité s'inscrit dans un processus historique général des sociétés modernes qui recherchent des repères éthiques et culturels hors des religions. En ce sens, la laïcisation est inévitable[9].» Ce qui ne devrait pas nous amener à conclure qu'il n'y a rien de valable pour nous, modernes d'aujourd'hui, rien à tirer des riches patrimoines éthiques et religieux. En quoi ces patrimoines peuvent-ils faire ombrage à la quête de nouveaux repères éthiques et culturels?

8. *Ibid.*, p. 33.
9. Micheline Milot, *op. cit.*, p. 25-26.

Il y a de nombreux pays occidentaux qui refusent l'exclusion de ces patrimoines. Ce qui conteste une telle conception stricte et étroite de la laïcité. Alain Touraine remet en cause celle-ci : l'enseignement des religions, de leurs croyances comme de leur histoire, n'est sûrement pas une atteinte à la laïcité ; c'est au contraire le silence imposé sur ces *réalités religieuses* qui est une atteinte inacceptable à l'esprit d'objectivité et de vérité dont se réclame l'école laïque et qui ne doit pas davantage être absent d'écoles dites religieuses qu'il faut protéger plus directement encore contre l'enfermement communautaire[10].

N'est-ce pas l'esprit du nouveau programme scolaire sur la culture religieuse, qui, je l'espère, n'opposera pas l'identité commune des citoyens provenant d'horizons différents au partage commun sur les différents patrimoines religieux et culturels de l'histoire humaine. Il y a quelque chose d'aberrant, sinon d'irréaliste sur le plan historique, à penser l'identité commune des citoyens et l'espace commun de la société pluraliste sans ses divers héritages y compris religieux. Cela n'a rien à voir avec la crainte de déstructuration d'une identité citoyenne commune. Ne s'agit-il pas ici tout autant des patrimoines historiques des autres religions que du patrimoine religieux québécois ? Comment parler de culture religieuse sans substrat historique ? Il me semble que ce pari d'un humanisme commun peut très bien inclure, et même se doit d'inclure, une politique laïque, y compris scolaire, qui fait place aux divers patrimoines religieux historiques. Si tant est qu'on reconnaisse le fait qu'un grand nombre de gens en Occident et chez nous tiennent à leur culture religieuse. Je m'étonne que bien des esprits laïques taisent les enquêtes d'ailleurs et d'ici dont les résultats soulignent un tel attachement. J'y reviendrai.

10. Alain Touraine, *op. cit.*, p. 334.

Ce serait bien bête de passer, au Québec, d'un confession-nalisme à tout crin à un laïcisme à tout crin, alors qu'ailleurs dans les pays occidentaux on se donne des processus de transactions entre laïcité et religion, entre esprits laïques et esprits religieux. Transactions et aussi critiques et procès mutuels. Des débats démocratiques, quoi! De toute façon, ces tensions dans la réalité sociétaire sont là pour longtemps. Elles sont même un lieu d'intelligence de notre évolution historique et de phénomènes sociaux sous-estimés.

— Les avancées de l'État de droit et du pluralisme permettent à tous les groupes, y compris religieux, de coexister dans l'espace public.

— L'atomisation et l'anomie sociale activent les requêtes de sens, d'identité et de communauté, aisément ressaisies par les institutions religieuses[11], surtout si la laïcité se définit par une neutralité abstraite sans contenu humaniste. L'être humain est beaucoup plus qu'un citoyen.

— La déculturation religieuse empêche les générations montantes de comprendre les œuvres majeures d'inspiration chrétienne de la civilisation occidentale. La culture religieuse est aussi une des voies d'accès aux divers humanismes d'hier. Les athées Jean-Paul Sartre et André Comte-Sponville nous le rappellent.

— Redisons aussi ce constat ironique du grand écrivain Umberto Eco! Beaucoup de gens d'aujourd'hui qui se vantent de ne croire en rien sont prêts à croire en n'importe quoi.

— La non-reconnaissance des religions dans l'espace public pave le chemin du sectarisme religieux ou de l'intégrisme politico-religieux. Il en va de même du refus de la religion comme institution et son refoulement dans la sphère privée et individuelle. J'aurai à y revenir.

11. Voir Solange Lefebvre, *op. cit.*, p. 75, et Jacques Zylberberg, *op. cit.*, p. 50-51.

— Chez nous particulièrement, la non-prise en compte de
la religion dans les rationalités psychologiques, sociologiques ou politiques laisse en veilleuse un des lieux d'intelligence des comportements individuels et collectifs. Même
les ruptures religieuses ont des impacts de tous ordres
dans les consciences et la société. On devrait en savoir
quelque chose, ici au Québec, dans son histoire récente,
et encore aujourd'hui. L'effondrement des cadres de la
mémoire collective et des structures de transmission de
celle-ci est un phénomène très répandu dans les nouvelles
générations. Il ne retentit pas seulement dans l'éclatement
de l'expérience religieuse et une crédulité primaire sans
tradition éprouvée, mais aussi sur le terrain profane des
médiations symboliques et institutionnelles dont je vais
faire état dans la réflexion qui suit.

Disons d'abord qu'accorder une sorte de transcendance
à la condition citoyenne, c'est méconnaître l'ampleur et la
profondeur de la condition humaine autrement plus riche et
complexe. Le xxe siècle a connu des régimes totalitaires qui ont
imposé cette fausse transcendance. Même la sacralisation du
républicanisme français, tout démocratique soit-il, est en train
de susciter des révoltes identitaires. Révoltes qui ne sont pas
étrangères à la mise à l'écart de l'anthropologie religieuse qui
traverse la longue histoire de l'humanité, comme je le disais
plus haut. Ce sont là autant d'apories (fermetures), quand la
laïcité devient un laïcisme qui lamine les autres dimensions de
la condition humaine et qui, par exemple, refuse l'inscription
de la religion dans la société comme telle, et appauvrit l'humanisme dont cette laïcité étroite se réclame.

C'est reculer au positivisme du xixe siècle, dont on devrait
mieux savoir les apories sur la condition humaine, fût-ce son
idéalisation paradoxale du désenchantement du monde qui
est à la source de profonds désenchantements d'aujourd'hui.

Je m'étonne toujours du refus de reconnaître un quelconque lien entre ces deux phénomènes. La prétendue neutralité de ce type de laïcité met aussi à plat la symbolique culturelle et spirituelle. Elle finit par ne garder que le *fait brut* comme seule norme, ou bien, que l'intérêt immédiat comme seul moteur, ou encore, que le matérialisme comme seule idéologie. On n'a qu'à voir l'incapacité de se donner des normes autres que des règles instrumentales ; des diktats d'experts ; des jugements de la cour qui sont purs décalques de l'état des mœurs ; des finalités de l'éducation qui tiennent uniquement de logiques procédurales et dites pédagogiques. Bref, la difficulté même de nommer le «bien». Comme disait Chesterton : «Nous ne savons plus ce qu'est le bien, mais nous voulons le transmettre à nos enfants.» Cette démarche critique fait aussi partie du nouvel humanisme à construire et d'une laïcité plus pertinente. Dans la seconde partie de cet ouvrage, je fais le pari que la pensée chrétienne peut y jouer un rôle précieux. Dans son origine et dans ses fondements, la pensée chrétienne réclame la laïcité, sans pour cela s'y enfermer, tout comme la religion ne doit pas enfermer la laïcité. Tout au long de l'histoire biblique et du christianisme, il a fallu beaucoup de temps pour se déprendre d'une religion de domination et d'aliénation de la conscience et de la cité qui relève tout entière de la responsabilité humaine. S'agit-il de la foi chrétienne comme telle, le Dieu *autre* offre gratuitement une alliance à notre liberté. Elle appelle un sujet humain de plain-pied, debout en lui-même et dans sa cité.

La modernité d'aujourd'hui nous a fait découvrir à nous, les chrétiens, qu'on ne peut plus penser notre foi comme un humanisme englobant. Nous avons plutôt à inscrire notre apport original dans un nouvel humanisme construit avec les autres croyants et les esprits laïques (sans religion). *On ne possède pas la vérité, on a besoin de la vérité des autres.* Peut-être faudrait-il plutôt parler de rencontre de différentes plausibilités ouvertes au dialogue et inévitablement à des confrontations. Avec l'acceptation, chez tous, de devenir *autres* au bout de ce chemin.

Nous verrons en quoi nos défis contemporains et à venir appellent de nouveaux chemins d'altérité, au contrepoint de ce qu'il y a de meilleur dans les humanismes d'hier. C'est dans cet esprit que je vais faire une relecture « séculière » de l'évolution historique du christianisme dans la civilisation occidentale. Non seulement comme mémoire, mais aussi comme une des semences d'avenir dans la cité laïque. Rien ici d'une apologie, puisqu'il s'agit tout autant d'un examen critique, parfois très sévère, sur les travers et les contradictions de cette longue histoire multimillénaire.

Retour critique : un impensé refoulé

Ici au Québec, on ne peut penser les rapports entre la laïcité et la religion sans tenir compte de l'importance de la rupture historique qui s'est produite au moment du passage de la société traditionnelle religieuse à une société moderne d'esprit laïque. Cette première étape de la laïcité était donc marquée par une dynamique d'émancipation, de libération, de redéfinition identitaire, de nouveau projet de société. Les esprits religieux d'ici ont souvent peine à comprendre le caractère positif de cette nouvelle dynamique historique qui a donné un nouvel élan à la liberté, à la politique, à l'histoire à faire plutôt qu'à la répéter (comme le voulait une conception religieuse de la Providence et de son Ordre immuable tout défini à l'avance et fondement d'un pouvoir religieux absolu).

Cette irruption de l'autonomie politique venue « sur le tard » ne pouvait qu'être radicale, globale et abrupte. En ce sens, la Révolution dite « tranquille » est un euphémisme. L'effondrement de la chrétienté cléricale, à cette époque, s'est accompagné d'impacts souterrains dans les consciences :

ébranlements de la morale et des certitudes religieuses d'hier, bref un sol historique qui se dérobe sous les pieds.

Tous ces bouleversements appelaient une réinterprétation non seulement des rôles de l'Église, mais aussi de la foi chrétienne elle-même. L'a-t-on vraiment fait[12] ? Il faudra y revenir dans la deuxième partie de cet ouvrage.

Sans céder à la causalité simpliste, je me demande si les résistances actuelles exprimées dans le champ politique par ledit virage à droite n'est pas, du moins partiellement, le rebond d'un certain désarroi moral qui est resté longtemps silencieux chez un nombre important de Québécois, face à la libéralisation des mœurs qui, à leurs yeux, défend «à peu près n'importe quoi». La sortie rapide du religieux, chez eux, s'est accompagnée d'une sortie du politique. Et voilà qu'ils expriment maintenant «politiquement» leurs résistances souterraines. Et je ne pense pas qu'ils recourent au «nous» religieux d'hier pour justifier leur réaction politique présentée comme un nouveau projet de société pragmatique, au ras du sol pour le «vrai monde ordinaire». Il en va de même des résistances face aux accommodements raisonnables conclus avec les autres religions, qui ajoutent au désarroi moral précité, porteur d'insécurités souterraines toujours vivaces refoulées par le monde médiatique qui pratiquement les fait taire avec mépris.

Les canons politiques qui font état des prochaines tensions entre le libéralisme, la social-démocratie et le conservatisme me semblent survoler ce phénomène que je viens d'évoquer ; phénomène qui se loge dans le fond des consciences, souvent sans les mots pour le dire. Notre société de plus en plus complexe, comme les autres d'ailleurs, renforce cette impuissance à s'inscrire en elle. Il est un peu trop facile de réduire le

---

12. É.-Martin Meunier, *Le pari personnaliste, modernité et catholicisme au xxe siècle*, Montréal, Fides, 2007.

problème à des repères comme l'opposition entre Montréal et les régions, entre la tradition et la modernité, entre la laïcité et la religion, entre l'identité canadienne-française et l'identité québécoise. Le désarroi moral dont je parle est un « impensé » dans nos débats et combats à la surface de la société, malgré la place que les médias quotidiens donnent aux scandales de cet ordre.

À ce chapitre, le Québec se démarque des États-Unis où le désarroi moral débouche sur le fondamentalisme religieux ; ici, c'est plutôt le refus de le prendre en compte, tellement notre image dominante est celle d'une émancipation totale de ce genre de questionnement sur notre *êthos* actuel (l'état des mœurs et l'intelligence critique qu'il appelle). Dès que cet examen est abordé comme tel, on le repousse comme s'il tenait d'un moralisme éculé. Ce qui ne fait qu'accentuer l'impensé du désarroi de cet ordre dans une large partie de la population.

Dans les milieux professionnels et même dans les sciences humaines, j'ai constaté maintes fois l'esquive de cet examen. Et dans les cahiers de déontologie, la normativité est livrée à des règles fonctionnelles sans philosophie critique de leurs sens et fondements. Quant aux références juridiques, la tendance est à l'étanchéité entre le droit et l'éthique non pas en théorie mais en pratique, y compris dans certains jugements de la cour.

Je reconnais qu'il y a là matière à débat. Mais de débat de fond il n'y a pas ! Tout le monde se renvoie la balle : le parlement, les juges, les médias et les experts. Les Églises étant disqualifiées à ce chapitre, la laïcité relèvera-t-elle le gant ? J'en doute, pour le moment... car encore ici, on trouve une autre étanchéité : entre le privé et le public. On renvoie la morale à la vie privée, comme on l'a fait pour la religion. Réduire la question à « l'État qui n'a pas à s'immiscer dans la chambre à coucher », c'est laisser en plan la nécessité des considérations éthiques dans la délibération sociale démocratique. Nous sommes tous concernés par l'*êthos* qui prévaut dans la société. Je tiens à rappeler aux laïcistes d'ici qu'à l'origine, la laïcité a eu un souci moral ; après l'effondrement des régulations religieuses de la morale. On a bien compris que ce souci moral engageait la crédibilité de la laïcité dans la population.

On me dira que la Charte des droits tient lieu de morale. Il y a là un porte-à-faux quand on soustrait des droits le vis-à-vis critique de l'intelligence morale (qui s'appelle l'éthique). Sans celle-ci, même la Charte des droits se prête à des revendications et pratiques qui minent sa crédibilité. Même la mafia l'utilise pour des fins que l'on connaît !

Présentement, beaucoup de débats et d'enjeux débouchent sur le juridique. L'histoire nous enseigne qu'on multiplie les règles et les contrôles quand l'état des mœurs est éclaté dans sa normativité. Ce sont même des juristes qui l'ont dit : Solon, il y a deux mille cinq cents ans, et plus près de nous, Montesquieu. Tous ces humanistes de l'histoire s'en sont préoccupés. Le nouvel humanisme devra éclairer ce trou noir[13]. Bien sûr, sa tâche historique déborde ce défi. On le verra dans la deuxième partie de cet ouvrage.

Dans la Charte européenne, la laïcité est conçue en termes de médiation, plus ouverte qu'une laïcité de séparation ; et plus souple, plus respectueuse du pluralisme qu'une laïcité d'intégration. En effet, les diverses instances de la société civile appellent des relations différentes avec l'État laïque et un rôle de médiation chez celui-ci, qu'il s'agisse des organisations sociales, économiques, culturelles ou religieuses. Le vivre ensemble dans la cité moderne ne doit exclure personne du débat démocratique. Et la laïcité a l'avantage de le médiatiser, sans refouler quelque instance de la société civile dans

---

13. Le nouveau programme scolaire est timidement porteur de cette préoccupation. Mais sa crédibilité auprès des jeunes sera elle aussi minée si la société et ses citoyens laissent en veilleuse l'examen critique de l'état de ses mœurs.

la sphère privée hors de toute inscription dans l'espace public. Ce qui n'enlève rien au rôle de l'État, à son autonomie, à son autorité et à sa neutralité. C'est là l'aboutissant du long cheminement historique de l'Europe en matière de laïcité. Je ne puis croire que nous n'avons rien à apprendre de cette riche expérience.

Un déficit philosophique

En 1989, Guy Rocher, sociologue éminent du changement social, disait ceci : « La profonde division du Québec, elle n'est pas seulement politique, elle est surtout éthique : je crois que c'est en termes de valeurs, de modes de vie et d'attitudes que le Québec est le plus profondément divisé[14]. »

Je ne veux pas le « tirer de mon côté » pour justifier mon interprétation singulière de la situation actuelle, mais je pense qu'il a vu juste en intégrant ce critère d'analyse trop absent des savants diagnostics sur le tournant historique que nous vivons au Québec et sur les enjeux d'un nouvel humanisme qui devra se conjuguer au pluriel par rapport au caractère unitaire des anciens humanismes. Reste la question : peut-on compter uniquement sur le droit pour penser la laïcité et la bâtir sur une assise commune, sans tenir compte des ancrages historiques, culturels, religieux et moraux, bref sans l'évolution de l'êthos et sa diversification peut-être plus complexe que jamais ? Combien d'enjeux contemporains renvoient à des substrats anthropologiques même inframoraux, infrareligieux, infrajuridiques qui réclament une philosophie critique beaucoup trop absente de nos débats et même de nos sciences dites humaines. Y compris de mon monde religieux !

---

14. Guy Rocher, *Entre les rêves et l'histoire*, entretiens avec Georges Khal, Montréal, VLB éditeur, 1989, p. 174.

DEUXIÈME PARTIE

Évolution historique de la pensée chrétienne

MA CLÉ DE LECTURE HISTORIQUE de la pensée chrétienne sera celle de la relation du chrétien au monde temporel dans lequel il vit. Relation aussi à la condition commune à tous les humains et aux diverses cultures. Nous verrons comment l'étape récente de la pensée chrétienne, marquée par une touche séculière et laïque, a une longue filiation historique jusque dans les sources du christianisme. Sur le versant critique, nous verrons que les contentieux du monde moderne avec le christianisme ont eux aussi de longues filiations historiques.

Déjà, dans les sources de la pensée chrétienne, on trouve un constant souci d'interprétation et de réinterprétation des héritages reçus et des nouveaux signes des temps de l'histoire. Rien ici d'une histoire qui se répète ou d'une tradition figée. Dans la Bible, il y a plusieurs traditions qui se chevauchent. Et le Nouveau Testament comporte quatre évangiles, sans compter celui de Paul de Tarse. Et depuis deux mille ans, le christianisme a poursuivi cette même foulée réinterprétative. Je retiens les étapes principales de cette évolution dans l'aire chrétienne que je connais le mieux, à savoir le catholicisme.

La formation
de l'identité chrétienne
dans le monde des premiers
siècles du christianisme

L A PREMIÈRE ÉTAPE a été celle de l'identité chrétienne et son inscription dans les cultures et les religions autres que celles de l'héritage juif, sans pour cela mettre en veilleuse la source biblique. Le païen Corneille, de culture et de religion autres, n'avait pas à se faire juif pour devenir chrétien. Ce fut là le premier débat de fond entre l'apôtre Pierre et Paul de Tarse. Ce débat a encore une valeur normative aujourd'hui, par exemple pour évaluer le profond contentieux entre l'Église catholique et les sociétés modernes.

Il en va de même du débat autour du christianisme devenu religion d'État au temps de l'empereur Constantin. Cette dérive ne doit pas occulter la formidable gestation de la pensée chrétienne dans les premières confessions de foi des différents milieux culturels du bassin de la mer méditerranéenne. Même le credo de base de Nicée s'est constitué avec cette riche diversité. C'est ainsi que, dans ses premiers siècles, le christianisme s'est conjugué au pluriel. Ce qui, encore ici, conteste le caractère unitaire et centraliste de l'Église romaine actuelle qui tend à être le seul lieu définisseur de la pensée chrétienne, jusque dans les moindres prescriptions de la foi, de la morale et de la gouvernance de l'Église. Comment peut-on faire fi à ce point de la pluralité des traditions bibliques et évangéliques? Déjà aux premiers siècles, les cultures latines et grecques étaient porteuses d'une pensée chrétienne différente, et tout aussi orthodoxe dans ses interprétations de la Bible et de l'Évangile de Jésus de Nazareth. À ce chapitre, le premier débat de fond entre Pierre et Paul semble impossible dans l'orientation présente de l'Église catholique.

Peut-il y avoir pensée chrétienne crédible sans diversité et liberté de pensée tout court, comme le soulignait le théologien André Naud? Cette décrédibilisation de la pensée chrétienne a des effets dévastateurs sur le témoignage de foi des laïcs chrétiens dans les sociétés modernes pluralistes et démocratiques où la pensée se développe dans le libre dialogue et d'inévitables débats d'interprétation. Cette dynamique était pourtant présente dans la période de fondation de l'Église, avec une fécondité remarquable. Aucune institution ne peut être viable à court, moyen et long termes si l'on clôt toute réinterprétation appelée par son évolution et ses nouveaux défis de parcours. Sinon, c'est la stérilité et le décrochage de l'appartenance.

L'histoire récente du catholicisme en témoigne. S'agit-il de fidélité, les chrétiens d'aujourd'hui ont le droit d'interpeller leur Église sur ses contradictions avec ses premières sources de fondation! En écartant ou en refusant les débats de fond après les délibérations et les réinterprétations du récent concile Vatican II, la restauration centraliste de Rome gommait particulièrement la foulée historique prophétique la plus dynamique, à savoir le fait que les périodes les plus fécondes du christianisme et de l'Église étaient toutes marquées par des délibérations réinterprétatives des sources bibliques et évangéliques, au contrepoint des nouveaux signes des temps. Mais n'anticipons pas trop vite.

Plusieurs débats au cours de la première période historique ont donc eu une portée normative dans la constitution de base du christianisme. Le débat entre Paul et Pierre, chef du collège des apôtres, en est un bel exemple, que j'ai évoqué plus haut. Entre autres fondations, il y a la formation de la conception chrétienne de la tradition, comme démarche de réinterprétation constante des sources premières de l'Écriture. Voyons-en les composantes importantes.

Une anthropologie de l'être humain créé à la ressemblance de Dieu, doué d'un « esprit vivifiant » qui le rend capable de s'approcher de Dieu

Le récent concile Vatican II a ressaisi cette assise permanente, malgré le péché des hommes. Ce que l'Église orthodoxe d'Orient n'avait jamais perdu de vue. Nous venons d'un amour originel de Dieu qui donne à la dignité humaine une grandeur sacrée. Celle-ci était déjà annoncée par ce tournant dans l'Ancien Testament où Dieu a signifié que, désormais, Il ne voulait comme représentation de Lui que l'être humain et non pas les astres, les esprits, les sacrifices religieux, les dieux, les idoles de tous ordres. Ce déplacement anthropologique renoue avec une tradition qui remettait en cause la conception trop centrée sur l'aspect négatif de la rémission des péchés, de la satisfaction sacrificielle, de la nature blessée, au détriment de l'assomption de l'homme en Dieu (saint Thomas) dans la mouvance de la création, de l'Incarnation et du passage entre la mort sur la croix et la résurrection du Christ liées indissolublement.

Du coup, le péché originel n'était plus la clé de voûte de la théologie chrétienne tant catholique que protestante qui, hélas, a fondé la pastorale de peur qui a dominé nos quatre derniers siècles chrétiens. Cette pastorale a révulsé nombre de nos contemporains et suscité la crise de crédibilité des Églises. Ce moralisme intempestif a donc des causes très profondes qui confrontent le christianisme actuel à des réinterprétations radicales de lui-même.

Heureusement, ce côté positif et dynamique de la tradition nous fournit une précieuse assise historique pour relancer la pensée et l'agir d'inspiration chrétienne. C'est un atout aussi bien normatif que prophétique.

Une autre composante de la pensée chrétienne première est l'importance du principe communautaire

Au début de l'histoire de l'Église, le principe communautaire était un des critères apostoliques de base, en plus de l'Écriture, de la tradition et du magistère. L'Église cléricale du deuxième millénaire a exclus le principe communautaire de ses critères apostoliques. Aujourd'hui, on mesure davantage la gravité de cette perte au moment où les communautés chrétiennes ont à se prendre en main sans prêtres. L'Église, encore empêtrée dans son système clérical, s'y prépare peu et mal.

Que nous enseignent donc les premiers temps de l'Église qui ont connu une formidable expansion de la foi chrétienne ? Soulignons d'abord qu'il n'y a pas eu de cléricature dans les deux cent cinquante premières années du christianisme. Ce sont les laïcs chrétiens qui ont été les principaux transmetteurs de la foi. Ce sera encore le cas dans le prochain avenir.

J'ai rappelé, un peu plus haut, que les diverses communautés chrétiennes et confessions de foi ont été la matrice du credo de Nicée, ce noyau fondamental du christianisme. Les Pères grecs et les Pères latins, les évêques du temps, étaient portés, inspirés par ces communautés. Le grand Augustin qu'on dit même «précurseur de la conscience moderne» était un homme, un croyant communautaire. Il le soulignait bien quand il disait : «Je suis d'abord un chrétien avec vous.»

Les chrétiens orthodoxes d'Orient qui se définissent avant tout par le principe communautaire n'ont pas tort de dire que l'Église a été conçue de façon autoritaire par les clercs catholiques et atomisée par les protestants. Chez les orthodoxes, l'Église est «gardienne de la tradition chrétienne avec tous ses membres» (*sobornost* et *sensus fidelium*). Vatican II, là encore, a renoué avec cette conception de l'Église comme peuple de Dieu, tout en maintenant, hélas, sa rigide structure hiérarchique et sa concentration cléricale des pouvoirs. La communauté trinitaire de Dieu lui-même n'est pas compatible avec ce travers. Elle est pourtant la base première de la foi chrétienne et de ses communautés. Le sens «pastoral» des Pères grecs et latins a marqué la théologie et la pensée chrétienne, et particulièrement, le souci du principe communautaire.

Ici, j'ouvre une parenthèse. Un de mes paroissiens qui s'intéressait vivement à cette période de la pensée chrétienne appelée «patristique» a eu la surprise de ne trouver aucun cours correspondant dans les facultés de théologie de chez nous.

**Une autre composante de tradition chrétienne
des premiers temps de l'Église est l'importance
de la fonction d'interprétation**

Dans une recherche récente en milieu catholique d'aujourd'hui, un de nos interviewés nous disait : «Moi, je ne suis pas un bon catholique, parce que j'interprète.» Peut-on mieux exprimer une mentalité moderne fort répandue dans les sociétés démocratiques qui donnent à tous les citoyens un statut d'acteur interprète des enjeux de leur société. L'Église catholique surcodée dans toutes ses dimensions – organisationnelle, canonique, dogmatique, morale et prescriptive – se prête peu à la démarche d'interprétation chez ses membres. C'est une des sources de la crise actuelle de cette institution. Pourtant, il n'y a pas de foi adulte et de chrétien adulte sans ce pouvoir d'interprétation. Même la conscience personnelle est trop souvent objet de suspicion chez les tenants du magistère de l'Église. Faut-il rappeler ce que le grand docteur de l'Église, saint Thomas, disait à ce propos : « Si en ton âme et conscience tu ne crois pas en Jésus-Christ, tu pêches contre ta conscience si tu penses et agis en sens contraire. » Cela vaut aussi pour la morale. Cela vaut aussi pour le jugement moral. Cet enjeu déborde la requête moderne de la liberté de pensée. Il y va d'une intelligence et d'un témoignage chrétien capable de pertinence dans le monde d'aujourd'hui.

À multiplier les champs clos de débat, sinon d'interprétation, l'Église suscite son propre rejet des contemporains, surtout chez les plus scolarisés de nos sociétés. Au moment, redisons-le, où les principaux transmetteurs de la foi sont les laïcs chrétiens eux-mêmes comme aux premiers temps de l'Église.

Chez les Pères de l'Église qui ont animé les communautés chrétiennes des premiers siècles, leurs différentes cultures ont été des composantes importantes de leur propre pensée chrétienne. Pensons à l'interprétation très différente de la Trinité chez le Père grec Basile et le Père latin Augustin, tous deux aussi orthodoxes l'un que l'autre. Cela vaut aussi pour nos champs culturels modernes, comme lieux et substrats de l'intelligence chrétienne. Tout au long de l'histoire de l'Église, les changements culturels ont joué un rôle important dans le renouvellement de l'interprétation des sources chrétiennes. Un certain discours romain sur le relativisme tous azimuts gomme cette dynamique prophétique d'interprétations différenciées par les signes des temps et les manifestations de l'Esprit (qui parle de multiples langues). On devrait s'inquiéter davantage des postures institutionnelles et dogmatiques intemporelles. La patristique, à l'origine de la pensée chrétienne, se conjuguait au pluriel. En cela, faudra-t-il l'accuser de relativisme historique doctrinal ? Le procès du relativisme si fréquent qui nous vient de Rome depuis un bon moment s'étend aux nouvelles écoles de théologie des dernières décennies.

En relisant les textes et débats du concile Vatican II, j'ai été étonné et ravi de la place qu'on y accorde aux premiers Pères de l'Église, comme référence essentielle pour penser la foi chrétienne et la transmettre. Tout le contraire de ceux qui réduisaient la patristique à l'enfance de la théologie et de la pensée chrétienne.

Les historiens ont peu retracé l'apport des chrétiens eux-mêmes dans les premiers siècles, et leur rôle dans la transmission de la foi. Mais nous en savons assez sur la dynamique de ces communautés laïques qui se prenaient en charge avec une fécondité remarquable pour inspirer le tournant actuel de l'Église qui doit se préparer à une pareille donne. L'enjeu déborde de toutes parts l'affaissement du clergé et des communautés religieuses.

Sans trop m'aventurer sur l'étape récente de la pensée chrétienne, celle du xxᵉ siècle marquée par sa touche séculière et laïque, je souligne que nous ne sommes pas au *ground zero* quand nous envisageons une nouvelle foulée d'un christianisme plus séculier, laïque et communautaire, y compris au chapitre de la pensée chrétienne elle-même.

Nous allons voir comment la deuxième étape de la pensée chrétienne comporte une rupture avec le «monde». Celle-ci a eu des conséquences négatives surtout au chapitre de la condition séculière du christianisme et des laïcs chrétiens.

Mais auparavant, je tiens à signaler un texte de Michel de Certeau qui invite au discernement spirituel dans la démarche qui préside à la lecture historique que je vais faire au cours des prochaines étapes. Il y a là une pensée dense, mais non moins nécessaire pour marquer les limites et l'esprit de mes propres approches.

Histoire et discernement

Les mouvances de l'Histoire, en faisant surgir «l'autorité» tantôt ici, tantôt là, ont obligé à classer mieux ces formations successives : de l'Écriture, on a distingué la tradition ; de l'épiscopat, le pape ; de celui-ci, le concile, etc. Mais à propos de chacun de ces «lieux théologiques» se pose de nouveau le problème de son identité, car ils sont soumis à d'étranges métamorphoses. Ainsi, pour ne prendre qu'un exemple, la région qu'on appelle uniformément la tradition correspond en réalité à des terres différentes. Toutes les générations recourent à la tradition, mais l'une définit ainsi le privilège qu'elle accorde à certains Pères de l'Église latine (saint Augustin ou saint Ambroise) ; l'autre désigne par là un «retour» à quelques grandes œuvres de la littérature grecque chrétienne ; une autre, l'anthologie composée en fonction d'une problématique scolastique, ou bien sa préférence pour les témoins d'une théologie mystique. Avant-hier, le thomisme était l'essentiel ; hier, on tenait pour insignifiant tout ce qui suit l'âge patristique... Sur la surface de l'Histoire, chaque génération découpe ce qu'elle considère comme «traditionnel». Elle agit de même en ce qui concerne l'Écriture ou les conciles. Il y a ainsi, caractéristiques de telle ou telle période, des références scripturaires ou conciliaires : chaque temps braque le faisceau lumineux de ses soucis et de son regard sur les temps antérieurs, en fait sortir ses autorités propres et répartit à sa façon les zones obscures de l'oublié ou du moins important.

Toute tâche et toute autorité particulières sont, en quelque sorte, déniées par d'autres. Ainsi, du fond de sa grotte, Élie se vit dénier le sens qu'il pouvait donner aux signes célestes ou historiques les plus sûrs : «Iahvé n'est pas dans le vent... Iahvé n'est pas dans le tremblement de terre... Iahvé n'est pas dans le feu...» Bien que vrai, tout ce répertoire mosaïque des révélations divines ne suffit pas.

Après cela, vient «le son d'une brise» arrivée de loin[1]. Aujourd'hui, à entendre, de si loin que ce soit, la rumeur d'océan qui vient des immensités de l'expérience chrétienne, tout clerc (et qui d'entre nous ne l'est pas?) ne peut manquer de s'interroger sur la vérité de son savoir et sur l'universalité des autorités qui lui fournissent le moyen de se situer comme chrétien dans son milieu ou dans sa bibliothèque. La brise qui arrive jusqu'à nous, qui dérange et relativise nos assurances, nous rappelle finalement à quelle autorité nous entendons être fidèles: à celle de Dieu[2].

1. *1 Rois*, 19,9-14.

2. Michel de Certeau, «Autorités chrétiennes», *Études*, octobre 2000, p. 381, 383-384.

Le « mépris du monde »
comme lieu critique
du modèle monacal

Encore ici, ma lecture historique part de questions d'aujourd'hui. D'où viennent les contentieux persistants du monde moderne face à l'Église catholique ? Se peut-il que les blocages de l'Église aient de longues filiations historiques : blocages en matière de laïcité, de statuts des laïcs dans l'Église, de rapports à la femme, à la sexualité et, plus gravement, à la conscience elle-même et à la fonction d'interprétation de la foi chez les laïcs chrétiens ? Depuis longtemps je me demande si l'Église n'a pas transmué chez les laïcs le modèle monacal dans son versant critique : sa rupture avec le monde.

Mais ici je me dois de faire la part des choses à propos du monachisme (cet univers spirituel des moines). Dans un ouvrage récent[1], j'ai mis en lumière les riches apports culturels et spirituels des moines catholiques à l'histoire occidentale. Dans le long creux historique qui a suivi l'affaissement de l'Empire romain, les moines ont transmis la culture de l'esprit et les patrimoines historiques de l'Antiquité. Ils ont promu les arts et les lettres. Et je pourrais allonger cette liste d'exemples témoignant de l'étonnante dynamique séculière des moines.

Mais hélas, le monachisme a été aussi porteur d'un mépris du monde. Par exemple, n'a-t-il pas accentué ce trait de saint

---

1. Jacques Grand'Maison, *Du jardin secret aux appels de la vie*, Montréal, Fides, p. 258-263.

Augustin qui pourtant avait une posture de pensée beaucoup plus nuancée, complexe et saine sur le monde et le rapport de la foi chrétienne avec celui-ci ? Mais n'anticipons pas trop vite, en nous rappelant la diversité des contextes sociologiques et culturels, et des genres littéraires dont on doit tenir compte pour éclairer la problématique du «mépris du monde». Par exemple, ces textes où l'on évoque une intransigeance d'un caractère épouvantable : de longs jeûnes exténuants, des réductions du sommeil, des autoflagellations intempestives, des abdications totales de soi-même, des renoncements au moindre plaisir, etc. On ne saurait réduire les règles monastiques à ces travers qui ont été davantage le lot des pionniers du monachisme ancien. Mais Festugière n'avait pas totalement tort de reprocher au monachisme ancien d'avoir créé une opposition intenable entre culture et sainteté[2].

Chez les moines occidentaux, le côté négatif du monde tient surtout de son caractère passager, contingent (temporel) et enclin à flatter notre sensualité (deliciæ). Le moine phare Jean Cassien est le plus radical de tous, surtout quand il parle du monde perverti par le péché dans la plus pure veine stoïcienne. Un laïc chrétien d'aujourd'hui serait très mal à l'aise devant cette hauteur spirituelle olympienne, bâtie sur des assises humaines et terrestres «misérables». On me rappellera, non sans raison, ce repère important : autres temps, autres mœurs. Mais il se peut que les chrétiens de cette époque aient ressenti le même malaise que le nôtre aujourd'hui. Les apologètes du monachisme gomment ce mépris du monde en disant qu'il exprime seulement la lutte contre le mal et le renoncement aux biens terrestres pour les biens supérieurs du Royaume de Dieu. Mais comment ne pas reconnaître que cette opposition prépare la lame de fond qui fera du péché originel la clé de voûte du système chrétien ? Ce que Vatican II

---

2. André-Jean Festugière, Les moines d'Orient, Paris, Fayard, 1961.

corrigera (bien timidement) en soulignant la permanence de la création originelle de l'être humain à l'image de Dieu, malgré le mal et le péché des hommes.

Dans la règle de saint Benoît, on lit ceci : « Les saints se réjouiront d'être libérés *du siècle de perdition* et d'avoir obtenu de Dieu les richesses célestes pour toute l'éternité » (*Sæculi actibus se facere alienum*). Une affirmation parmi plusieurs de la même facture. J'ai noté plus haut le paradoxe du monachisme : une idéologie théologique de mépris du monde, et une pratique de service au monde et de développement culturel, social et même économique. Ma question est d'un autre ordre, celle des réfractions chez les laïcs chrétiens de cette idéologie qui ne reconnaît pas ou si peu les profondeurs spirituelles de la condition séculière et laïque. C'est ainsi que l'évêque d'Arles (534) disait que leurs soucis du monde les rendent misérables (*Impedimenta mundi fecerunt eos miseros*). Et cette récurrente allusion à la vie « ténébreuse du siècle » et aux « ténèbres du monde », et aux « entraves de la chair ».

Ce propos est loin du « Verbe fait chair », du « Dieu qui a tant aimé le monde qu'Il lui a envoyé son propre fils » et aussi de l'Ancien Testament biblique qui ne séparait ni n'opposait la chair et l'esprit. Soit dit en passant, c'est un des lieux où le christianisme (catholique et protestant) est confronté à de profondes réinterprétations jusque dans ses sources, et dans certaines de ses filiations historiques. Pendant de nombreux siècles n'a-t-on pas répété que le désir du ciel éternel commande le renoncement au temporel. Pensons, par exemple, au discours pastoral sur la chasteté adressé aux chrétiens mariés.

Le moine Smaragde, au Moyen Âge, disait : « Les soldats du siècle sont tenus en sujétion par les passions et les désirs, les soldats de Dieu crucifient leur corps avec les vices et les concupiscences. » L'abbé de Cluny, au début du deuxième millénaire, écrivait : « Les familiers, c'est-à-dire les laïcs engagés au service interne du monastère, sont les pires destructeurs des monastères, n'étant ni moines ni convers, ils ne servent ni Dieu ni la communauté. On ne devra donc plus les admettre.» «La précarité et l'inconsistance de cette vie proviennent du péché.» Cette logique va s'étendre à tout le Moyen Âge, bien au-delà du monachisme, dans la prédication et la pastorale auprès des fidèles. On ira puiser dans les sources évangéliques des références sélectives qui conforteront cette logique. Tel cet extrait de l'épître de saint Pierre aux premiers chrétiens, «je vous exhorte, comme étrangers et voyageurs, à vous abstenir des désirs charnels qui font la guerre à l'âme» (1 Pierre 2,11).

Plus tard, dans le fameux ouvrage *L'Imitation de Jésus-Christ* de Thomas a Kempis, on trouvera d'autres aspects du mépris du monde, par exemple, la condamnation de la vaine science opposée à l'exaltation de la vie mystique. «Heureuse la simplicité qui laisse les voies scabreuses du raisonnement pour prendre les sentiers faciles et sûrs des commandements de Dieu» (IV, XXIII, 5).

Disons-le tout de suite, cet ouvrage qui a marqué la foi des chrétiens au cours des siècles qui suivirent est aussi d'une grande richesse spirituelle, forte d'une profonde sensibilité chrétienne. Mais une de ses faiblesses est un certain mépris de la raison, des médiations de l'intelligence, de la culture, comme si la foi donnait une science infuse. Le grand théologien saint Thomas n'est pas tombé dans ce piège. Nous y reviendrons.

Dans cet ouvrage phare, la poursuite des biens terrestres est, comme auparavant, un obstacle à la quête du Royaume de Dieu et à la Sainteté. Sainteté d'une âme sans corps, d'un maximum de Dieu sur un minimum d'humanité. Tout le contraire de l'Incarnation et de la kénose pascale de Dieu en Jésus de Nazareth, humain comme nous.

Les débats autour du «mépris du monde» se sont long-temps poursuivis dans les ordres religieux – Franciscains, Dominicains et Jésuites –, avec leur retentissement dans la transmission de la foi aux laïcs chrétiens. Et plus tard dans le clergé séculier. S'affrontaient ainsi les tenants d'un spiritua-lisme antimonde, souvent anti-intellectuel, et un humanisme d'inspiration chrétienne plus soucieux de la condition chré-tienne dans ce monde, particulièrement chez les Dominicains et les Jésuites.

Dans ce dernier courant, on refusait de dissocier et encore plus d'opposer culture et foi chrétienne, grâce et nature, monde et Royaume de Dieu, corps et âme, foi et raison. La Contre-Réforme catholique allait refouler cette nouvelle dyna-mique de la pensée chrétienne. Mais pas au point d'éteindre la troisième étape qui s'est amorcée à cette époque, même si elle connaîtra une longue période historique de latence. Car le jansénisme avec son mépris et son rejet du monde dominé par le mal et la concupiscence et ainsi opposé à Dieu, s'est imposé par la suite. Cette nouvelle mouvance faisait passer la «dévotion» des cloîtres dans le monde. Une dévotion qui prend le relais du premier courant spiritualiste antimonde que j'ai évoqué plus haut. Étonnamment, ce sont des laïcs de la bourgeoisie et de la cour royale qui seront séduits par cette dévotion.

Notons qu'au départ de celle-ci, il n'y avait pas de condam-nation systématique du monde. C'était le cas, par exemple, de Blaise Pascal, y compris dans sa fameuse querelle avec les Jésuites. Mais il est malaisé de souligner le jansénisme de Pascal, comme le manichéisme souterrain de saint Augustin, à cause de leur génie incontestable et de leur profondeur culturelle et spirituelle. Par exemple, cette conception du mariage chrétien, comme «la plus périlleuse et la plus basse condition du christianisme[3]». Quant à Jansénius, son silence sur saint Thomas et sa pensée chrétienne humaniste en dit déjà beaucoup sur son mépris du monde. «L'effort humain est inutile et empêche l'action divine, seule déterminante.» À tort ou à raison, je pense que le jansénisme n'a cessé d'être présent jusqu'au milieu du xxᵉ siècle. Nous en savons quelque chose ici au Québec. Mais aussi plus largement, l'ouvrage *La pastorale de la peur* de l'historien Jean Delumeau a bien montré la persistance du jansénisme catholique, et aussi du puritanisme protestant. En milieu catholique, l'idéal chrétien était pensé, présenté et imposé de multiples façons, dans le cadre monacal de rupture du monde selon la logique des trois vœux: pauvreté, chasteté et obéissance. Ce qui laissait en plan la condition séculière des laïcs et la pensée chrétienne qu'elle appelait. Une condition et une exigence de base pour que les laïcs chrétiens soient des sujets interprètes, acteurs et décideurs, debout dans leur foi, comme ils le sont dans leur vie, leurs tâches séculières et leur condition de citoyens.

Cette longue étape historique de fuite du monde a occulté cette veine inestimable dans les sources chrétiennes qu'est l'amour du monde inspiré de Dieu en Jésus de Nazareth. Il y a là un trait majeur qui aurait pu développer chez les laïcs chrétiens une foi et une spiritualité du dedans de leur monde réel, un engagement en celui-ci, un modèle d'Église correspondant. Cette occultation a eu un retentissement jusque dans le monde moderne et ses contentieux avec l'Église encore aujourd'hui. Le théologien Robert Mager a bien analysé ces ruptures historiques:

> Il est étonnant qu'une religion fondée sur l'heureuse nouvelle d'une transformation imminente du monde se soit très tôt muée en la contemplation d'un autre monde. Faut-il le rappeler, Jésus annonçait la venue du Règne de Dieu, c'est-à-dire l'imminence

---

3. Pascal, *Fragment de lettre* de 1659, Paris, Éd. La Fuma, 1963, p. 282.

d'une transformation du monde par don de Dieu. «Dieu a tant aimé le monde qu'il lui a donné son Fils unique», et ce, «pour que le monde soit sauvé par lui» (Jn 3,16-17). Il annonçait un salut pour le monde et non l'évidement du monde par investissement dans un ailleurs ou un plus tard. Cette mutation, si elle a permis de se représenter concrètement l'espérance d'un autrement du monde, prêtait cependant flanc à l'exil de la transcendance hors d'un monde livré à lui-même. L'expérience de cette transcendance devait alors passer, et pour longtemps, par la *fuga mundi* (la fuite du monde) [4].

La modernité a ainsi déployé une dynamique cruciale et probablement irréversible dont le christianisme n'a pas encore intégré l'essentiel, à savoir le recentrement sur le monde.

Robert Mager a souligné aussi la rémanence toujours vivace d'une relation à Dieu, pensée en opposition à la relation au monde. Je suis toujours frappé de constater comment mes étudiants sont naturellement portés à situer Dieu dans les marges de leur vie quotidienne, dans les phénomènes étranges, extraordinaires, inexpliqués (les miracles, les coïncidences, etc.).

Cette spiritualité en l'absence du monde prépare mal les chrétiens à inscrire leur foi dans la tâche actuelle de créer un monde commun plus juste et plus fraternel, sur l'horizon d'une conscience humaniste planétaire qu'appellent les nouvelles échéances radicales de survie de la Terre et de l'humanité. Hannah Arendt note, à son tour, que la fuite du monde n'est pas le lot exclusif des nouvelles modes religieuses et chrétiennes:

L'homme moderne, quand il perd l'assurance du monde à venir, ne fut pas rejeté au monde présent, il fut rejeté à soi-même;

---

4. Robert Mager, «Pour l'amour du monde», dans *Mutations culturelles et transcendance*, Québec, LTP, 2000, p. 157.

loin de croire que le monde pût être virtuellement immortel, il n'était même pas sûr qu'il fut réel. Et dans la mesure où il le supposerait réel dans l'optimisme sans critique et apparemment sans souci d'une science en progression constante, il s'éloignait de la terre beaucoup plus que les aspirations chrétiennes ne l'en avaient jamais écarté. Quel que soit le sens du mot «séculier» dans l'usage courant, il est impossible historiquement de le faire correspondre à la mondanéité ; l'homme moderne, en tout cas, n'a pas gagné ce monde en perdant l'autre, et il n'a pas non plus gagné la vie à proprement parler ; il y fut rejeté, enfermé dans l'intériorité de l'introspection où sa plus haute expérience serait celle de la vacuité des processus mentaux, des calculs et des jeux solitaires de l'esprit[5].

Ce propos d'Arendt élargit la dramatique de la fuite du réel, des divers décrochages, des replis sur soi dont témoigne la société thérapeutique de culture narcissique. En elle persiste un procès unilatéral de la tradition judéo-chrétienne comme entreprise de culpabilisation. Ce qui m'amène à ouvrir ici une parenthèse.

Parenthèse

Transmissions souterraines d'un christianisme « culpabilisant » ?

De toutes les références critiques, la culpabilité est une des plus révélatrices de nos contradictions modernes. N'est pas la moindre, celle du déni de la culpabilité personnelle et l'intempestive culpabilisation des autres. Ou encore les pourfendeurs du moralisme judéo-chrétien qui décrètent la culpabilité collective de leurs adversaires pour mieux affirmer la pureté de leur idéologie. Nietzsche avait bien perçu ce phénomène dans les nouvelles idéologies laïques. Et récemment, Pascal Bruckner

5. Hannah Arendt, *Condition de l'homme moderne*, Paris, Calmann-Lévy, 1958, p. 398-399.

écrivait : « Plus nos philosophes, sociologues se proclament agnostiques, athées, libres-penseurs, plus ils reconduisent la croyance qu'ils récusent[6]. » Ressassement de toutes les abominations passées et actuelles en Occident. Explosion, ici comme ailleurs, des culpabilisations collectives justiciables en nombreux procès historiques qui réclament parfois de nos sociétés et de nos institutions des sommes faramineuses comme réparations immédiates. Pierre Trudeau avait prévu qu'on s'engagerait ainsi sur la pente savonneuse d'une multitude de litiges généralisés et de procès interminables.

Bien sûr, loin de nous le refus de reconnaître ces fautes et horreurs collectives qui commandent de dire la vérité sur notre histoire réelle. Mais de là à s'enfoncer dans la culpabilisation forcenée des générations d'aujourd'hui, c'est une tout autre affaire. Cette logique ne peut qu'instiller la honte de nous-mêmes. Sans compter la transmission de cette honte aux générations qui nous suivent. Il y a là un je ne sais quoi de conscience pathologique qui risque de susciter des effets pervers d'impuissance, et paradoxalement d'écran ou même de fuite de nos responsabilités face à nos problèmes et défis d'aujourd'hui.

Un certain climat actuel de déprime a plusieurs causes. Et ce masochisme n'en est pas la moindre. Tout autant que la tendance à transmuter la culpabilité personnelle en culpabilisation des autres. Sans pardon. Bref, le pire du christianisme, sans le meilleur.

Dans nos médias, on ne cesse de présenter la tradition judéo-chrétienne comme l'unique spectre de la culpabilisation. Quand Camus disait que le confessionnal laïque est le pire de tous, c'était peut-être parce que ce tribunal de culpabilisation s'ignore comme tel, ou bien camoufle ses moralisations sans pardon, ses exclusions rédhibitoires en se prêtant à lui-même les vertus de tolérance, de justice assurée, de respect de tous, d'ouverture progressiste, de

---

6. Pascal Bruckner, *La tyrannie de la pénitence. Essai sur le masochisme occidental*, Paris, Grasset, 2006, p. 14.

pureté politique non idéologique. Il n'y aurait que les esprits religieux qui «jouent de la vertu» hypocritement. L'intégrisme est
seulement chez eux. Les nouvelles rectitudes politiques, les ortho-
doxies dites progressistes, le prétendu consensus de la population,
l'alignement des tribunaux sur la pression médiatique, la pensée
unique dans l'interprétation de la Charte des droits, et la défini-
tion des valeurs communes dans une conception étroite, dure et
pure de la laïcité, tout cela constitue un substrat impensé sous la
surface de débats vite clos dans une société proclamée ouverte
et plurielle.

S'agit-il de neutralité et d'objectivité, seuls les tenants de cette
nouvelle orthodoxie cléricale peuvent s'en réclamer. Par exemple,
c'est ainsi qu'un éminent intellectuel comme Fernand Dumont n'était
pas «invitable» à la Commission des droits de la personne parce qu'il
était catholique, donc pas objectif et neutre. Est-ce cela la démocratie, ou une laïcité sensée? Eh oui, il y a aussi des versions laïques
de la honte de nous-mêmes, de l'exclusion, de la culpabilisation.
Après avoir rejeté notre propre religion historique, voilà que
surgit une timide inquiétude de la disparition de notre patrimoine religieux, étrange nostalgie de ses ruines. Au mieux,
procédons à la «muséfication» folklorique de ce qui en reste.
Un baume sur la honte de nous-mêmes. Je pense ici à Malinowski qui disait: «Est-ce que nous, anthropologues, nous ne
livrons que la carcasse de ce qui fut une brûlante humanité?»
Et Michel Freitag se demandait si après s'être débarrassé de
tant de choses, on n'allait pas continuer de faire table rase,
cette fois, d'une réforme après l'autre sans assise durable, sans
inscription dans le temps. N'est-ce pas la pire façon de perdre
foi en nous-mêmes et en l'avenir?

On m'objectera que les dernières décennies, chez nous, ont été
marquées par une formidable créativité... particulièrement culturelle. C'est là un atout indéniable. Mais on s'interroge si peu sur nos
rapides mises à plat de nos innovations, de nos propres institutions,
de nos appartenances, de nos politiques, sur un fond masochiste

de honte de nous-mêmes comme peuple, comme société. Serait-ce une transmutation souterraine de la Grande Noirceur d'hier dont on a cru s'être débarrassé?

Comme le naturel, l'histoire chassée revient au galop. Cela est dramatique quand, à ne voir que ses travers, on ne reproduit que ceux-ci. Cette transmutation souterraine mine alors les promesses libératrices des ruptures et la durabilité des nouveaux chantiers que l'on met en marche. Nos déceptions actuelles ont donc aussi des filiations historiques que plusieurs d'entre nous refusent de réévaluer. D'autres les gomment par une surdétermination du genre: «Nous sommes la société la plus progressiste du monde.» Il est difficile de faire histoire avec un tel balancement stérile entre la honte et l'exaltation, entre la culpabilisation collective et l'absolution immédiate. Le pire de notre héritage historique, quoi! Nous méritons mieux que cela.

J'ai abordé cet enjeu dans un ouvrage récent: Questions interdites sur le Québec contemporain (Fides, 2003). Le silence qui s'en est suivi serait-il révélateur de cet interdit? Un présent sans héritage assumé, ni réévalué, rend muet. On le reproduit les yeux fermés, en faisant la sourde oreille. Il serait exagéré d'y voir une reproduction de la Grande Noirceur dans le climat actuel.

Mais se peut-il qu'il y ait là aussi une certaine filiation de nos héritages dans ce qu'ils ont de plus contestable. Un héritage historique qu'on a réduit au seul spectre de la Grande Noirceur. Comme si on ignorait que la honte culpabilisante de nous-mêmes pouvait prendre de nouveaux visages. C'est peut-être l'aveuglement le plus mystificateur, sans compter le sentiment d'impuissance et de déshérence qu'il suscite.

Cela dit, je suis bien conscient des limites de cette lecture de notre situation actuelle. Je reconnais le versant positif de nos émancipations historiques, de nos progrès dans la modernité. J'y ai moi-même participé. Je refuse tout autant la déception que l'exaltation de nos réformes. Mais à tort ou à raison, je pense que dans nos débats sur ce qui nous arrive comme peuple historique, comme société, on a une vue bien courte du « creux » de déprime inavouée qui mine souterrainement notre tonus politique et moral.

Comme chrétien, avec un pied dans la tradition et un autre dans la modernité, je me rends compte que nous aurions besoin, entre autres recours, de l'intelligence religieuse et de sa conscience historique pour mieux discerner des transmissions souterraines et des filiations qu'on a oblitérées depuis un bon moment, bien au-delà des débats sur la laïcité versus la religion. Car il y va du champ quotidien de toutes nos pratiques et de nos postures de base face à l'avenir. Fût-ce la foi en nous-mêmes, et les sources et raisons de son affadissement.

Crise du modernisme et amorce d'une pensée chrétienne laïque

CETTE DRAMATIQUE du rapport au monde s'est élargie dans l'avènement décisif de la modernité, particulièrement lors de la crise du modernisme à la fin du xixe siècle et au début du xxe siècle. Cette crise fut précédée par un rejet du monde moderne bien symbolisé par le *Syllabus* du pape Pie IX. Par la suite, dans les milieux d'Église, on a surtout retenu certaines erreurs et postures dites hérétiques des modernistes. Au cours de cette période historique ont surgi des débats très importants au sein même de la nouvelle laïcité, à la suite de la séparation de l'Église et de l'État. Mais on ne saurait minimiser les débats à l'intérieur de l'Église qui ont eu des réfractions dans le statut du laïc chrétien. Tous ces débats ne sont pas étrangers à ceux du tournant actuel de l'Église catholique. Nous y reviendrons.

Émile Poulat a bien montré que la crise moderniste était révélatrice de la situation nouvelle faite à la tradition chrétienne par l'esprit moderne, et des problèmes considérables posés à la pensée chrétienne par la pensée moderne.

Avant d'aborder cette très grave période historique, je vais raconter une expérience que j'ai vécue, cinquante ans plus tard, durant les années 1950, au Grand Séminaire de Montréal. Une sorte de réplication concrète de la crise précitée. Cette expérience permettra de mieux comprendre ce qui a pu se passer au cours de la crise du modernisme. Réplication signifie un phénomène récurrent qui se reproduit sous la même forme. Une façon de dire que la crise du modernisme est encore vivace aujourd'hui dans l'Église. Celle dont j'ai été témoin au cours de ma formation théologique a l'avantage d'être très semblable à la première. Avant d'entrer au Grand Séminaire, j'avais été, au collège, membre d'un mouvement d'action catholique (la JEC). C'est là qu'on m'a fait connaître les nouveaux courants de la pensée chrétienne : existentialisme et personnalisme chrétien, théologie des réalités terrestres, théologie du laïcat. Mouroux, Mounier, Congar, Chenu et leurs ouvrages. De plus, on m'avait initié à la culture moderne, alors que mon « collège classique » s'en tenait aux humanités du xviiᵉ siècle.

Au Grand Séminaire, pas un mot sur les théologiens modernes. Mais une merveilleuse surprise : deux exégètes formidables, à la fine pointe des études bibliques, au fait des méthodes de critique historique et littéraire appliquées aux textes de l'Écriture sainte et à l'histoire religieuse. Au fait aussi des découvertes archéologiques et historiques et des recherches bibliques des exégètes protestants. L'un des deux, Jacques Ménard, était une autorité internationale en ce qui concerne les langues orientales anciennes et l'Église primitive. Ce savant sulpicien était un saint homme, on ne peut plus orthodoxe et très humble. Ce que j'ai pu goûter les richesses historiques, culturelles et spirituelles qu'il nous a transmises ! Ses fines lectures des deux Testaments avec leurs sens à divers niveaux de connaissance et d'interprétation m'ont profondément marqué. Et quelle liberté de pensée avec un souci de laisser place aux débats, entre nous et avec lui, sur les sujets où il y avait conflits d'interprétation. Nous étions de jeunes adultes très sensibles à son ouverture d'esprit, qui était aussi sans complaisance sur nos préjugés et nos erreurs. Nous étions fascinés par son intégration des sciences modernes dans sa théologie et son exégèse. Saint Thomas lui-même, le grand docteur de l'Église, n'a-t-il pas lui aussi utilisé la philosophie d'Aristote, de Platon, de Plotin et d'autres penseurs profanes de l'Antiquité ?

Mais en même temps s'est produit un choc très fort et profond en nous. Les thèses théologiques dogmatiques et morales qu'on nous enseignait reposaient sur des assises bibliques d'une pauvreté navrante et parfois en contradiction avec les avancées de l'exégèse biblique. Sans compter le soupçon que suscitait chez nos professeurs dogmaticiens et moralistes l'emprunt de travaux protestants par nos professeurs biblistes.

Le conflit a éclaté. Nos deux exégètes furent exilés au nom d'un orthodoxisme scolastique menacé.

Il s'est passé quelque chose de semblable au début du xxᵉ siècle avec le célèbre exégète, le père Albert Lagrange, dominicain, qui avait fondé en 1890, à Jérusalem, l'École pratique d'études bibliques, et plus tard la fameuse *Revue biblique* et la collection des études bibliques.

Les raidissements du magistère romain, dont le dogme de l'infaillibilité pontificale est la figure emblématique, marquaient déjà le climat de l'époque. Un autre exégète, l'abbé Loisy, excédé par le refus de la modernité dans l'Église, en est venu à l'autre position extrême, à savoir une exégèse complètement indépendante du magistère romain. Les extrêmes se ressemblent ! Sans compter la hantise du magistère face au libre arbitre des protestants. Le *Syllabus* (1864) de Pie IX sur «les erreurs de notre temps» n'était pas loin. Pie IX stigmatisait les mêmes erreurs dans l'Église. Celle-ci refusait de reconnaître l'effondrement de l'ordre social, moral et intellectuel qu'elle avait mis des siècles à construire. Et elle a encore aujourd'hui le même vieux réflexe de restauration. Rome plaide encore pour restaurer l'Europe chrétienne.

Et voilà que la théologie et surtout l'exégèse biblique réclamaient une relative autonomie. C'était insupportable, et cela l'est encore aujourd'hui dans les rapports de l'Église avec les théologiens et aussi les chrétiens qui manifestent certains désaccords avec le magistère romain. Déjà au XIXᵉ siècle, la société et ses citoyens avaient rompu avec cette tutelle et tourné leurs regards vers d'autres horizons. La société donnait aux rapports humains d'autres règles, à l'activité humaine d'autres buts, au savoir humain d'autres bases.

En l'occurrence, les courants modernistes étaient fort diversifiés, et leurs acteurs aussi. Mais ce qu'ils avaient en commun, par-delà la tentation scientiste, c'était le renouvellement de la pensée avec les avancées des sciences modernes. Ce souci se transposait chez des théologiens et des exégètes sur le terrain de la pensée chrétienne. Le pape Léon XIII les y avait encouragés. Le cardinal Newman en était un bel exemple. Mais le vieux réflexe de la Contre-Réforme a refait surface comme ce fut le cas chez Pie IX, comme c'est le cas avec Pie X dans la crise du modernisme, comme ce sera le cas après le concile Vatican II. Toujours au nom de la « restauration » dont la copie conforme est le concile de Trente du XVIᵉ siècle. Mais c'est la crise moderniste qui me semble la plus grave. Dans les milieux d'Église, on en a fait un conflit ecclésiastique, alors qu'il s'agissait d'un fait global de civilisation, d'un nouveau contexte historique de la modernité en train de se diffuser dans le monde occidental, bien au-delà des cercles intellectuels en divers pays. Nouvel état d'esprit, nouvelles formes de pensée, nouveau langage, nouvelles sensibilités, nouvelles façons de vivre. Bref, un profond changement historique multidimensionnel. Fait à noter ici, plusieurs acteurs dits « modernistes » étaient chrétiens, et même préoccupés d'un renouvellement de l'Église et plus largement du catholicisme.

Ils étaient inquiets des multiples retards accumulés par l'Église, particulièrement face aux progrès de la science.

Le néothomisme de l'enseignement scolastique ne pouvait relever le gant de la profonde révolution culturelle en cours qui mettait tout autant en cause le discours romain, les pratiques pastorales et les spiritualités des clercs et des religieux. Le nouveau statut de citoyen détonnait par rapport à celui des laïcs, sans poids dans l'Église.

Les nouveaux moyens de communication, les nouvelles sciences autonomes de l'histoire des peuples, des cultures et des religions, l'accès à d'autres mondes de pensée relativisaient les certitudes de ladite universalité romaine et, du dedans même du monde occidental, une multitude de penseurs se démarquaient particulièrement du catholicisme, parce que celui-ci maintenait sa prétention au monopole de la vérité. Des régimes laïcistes s'installaient.

Les chrétiens modernistes s'inquiétaient avec raison de voir l'Église glisser vers une situation de ghetto, vers une posture «d'instance du non» à tout ce qui n'est pas d'elle et de son «ordre total de toutes choses». Ils voulaient, comme le dit Poulat, «opérer la rencontre et la confrontation d'un passé depuis longtemps *fixé*, avec un présent qui a trouvé *ailleurs* les sources vives d'une inspiration». Dans la crise moderniste, on ne trouve pas seulement d'autres lectures du présent, mais aussi du passé dans le présent et des graves enjeux d'avenir dans le présent. Travail nécessaire pour une foi chrétienne pertinente et des engagements judicieux et inspirants. Mon confrère Normand Provencher, qui a beaucoup étudié cette période historique, a noté que les questions qu'ont soulevées les modernistes chrétiens du temps sont toujours d'actualité et que certaines de leurs positions sont aussi bien acceptées aujourd'hui qu'elles ont été mal reçues hier par l'Église. Par exemple, «la foi comprend mieux que les sciences, spécialement l'histoire, peuvent lui permettre de développer ses richesses et d'être signifiante pour le monde moderne».

Mais c'est là que le bât blesse, redisons-le, dans cette récurrence, depuis la Contre-Réforme, de l'aplatissement même des réformes internes de l'Église, dès qu'elles sont mises en œuvre, et ce, par un effet de son système de base figé et réplicatif. Ce système de reproduction est non seulement à l'opposé de l'esprit moderne, mais aussi de ce qu'est la dynamique de la tradition biblique en constante instance de renouvellement. L'esprit de Contre-Réforme, c'est l'angle mort du modèle historique de l'Église catholique depuis le concile de Trente au xvie siècle. La condamnation globale du modernisme au début du xxe siècle est l'explication la plus évidente de cet angle mort du système romain. Et à Rome, encore aujourd'hui, on refuse même le moindre retour critique sur ce cul-de-sac. Fût-ce pour se demander si son pouvoir religieux, qui ne peut plus s'imposer au monde séculier, ne s'est pas transmuté sur ses propres membres et ses acteurs clercs. Mais il y a plus.

Le plus grave problème de cet angle mort du système romain, c'est celui du statut du laïc catholique lui-même. L'Église dit promouvoir le laïcat chrétien, et le peuple de Dieu. Et pourtant les laïcs et les communautés chrétiennes n'ont même pas la reconnaissance que l'Église du premier millénaire donnait au principe communautaire. Celui-ci était le quatrième critère apostolique et ecclésiologique de base. On l'a fait sauter depuis. Et pourtant on avait toutes les raisons au xxe siècle de le réintégrer. Jamais, semble-t-il, on ne s'interroge à Rome sur les effets pervers de cette contradiction. Fût-ce pour se demander d'où vient ce phénomène massif du silence public des laïcs catholiques, comme s'ils avaient honte de leur Église, et d'où vient le refus, lui aussi massif, de tant de prescriptions romaines conçues et dictées sans consultation des laïcs et sans la moindre évaluation de leur réception, si ce n'est leur obéissance inconditionnelle. Le citoyen chrétien moderne ne peut être que révulsé, jusqu'au fond de sa conscience.

L'exemple le plus ahurissant est celui du synode dit extra-ordinaire de 1985 qui se voulait un bilan des suites du concile Vatican II. Le seul trait positif qu'on a retenu du monde moderne, c'est le retour du sacré. À ce que je sache, ce trait est loin d'être typique de la modernité. Était-ce bien l'esprit et l'ouverture au monde moderne que Vatican II a déployés? Par exemple, cette belle et grande conquête moderne de la liberté de pensée ne méritait-elle pas une véritable reconnaissance explicite de l'Église? Cette liberté de pensée que déjà les modernistes chrétiens du XIXe siècle réclamaient pour la conscience et pour une foi d'adulte. Ceux-ci soutenaient que «le régime intellectuel de l'Église doit changer». C'est Maurice Blondel, un laïc, qui disait cela. Lui-même déjà réclamait ce que mon confrère André Naud appelait «le nettoyage philosophique des dogmes de l'Église».

Ce qui est intéressant, chez Blondel, c'est l'intégration des dimensions existentielles, affectives, subjectives, mystiques et pratiques dans la recherche de la vérité. Les défiances de Rome, à ce chapitre, sont toujours aussi vivaces. Blondel inscrivait ces valeurs dans ses travaux sur les rapports entre la grâce et le libre arbitre et aussi entre l'Église universelle et l'individu, qui est lui aussi sujet de plain-pied dans l'Alliance offerte par Dieu. Blondel était tout autant soucieux de l'engagement chrétien dans les enjeux de la modernité. Avec finesse, il dira que «l'ordre humain a sa part en tout et sa suffisance en rien» s'il refuse toute transcendance au-delà de lui-même.

Laberthonnière, son contemporain, mettra l'accent sur le rôle incontournable et indispensable de la subjectivité dans cet assentiment libre de l'intelligence du croyant. Voilà une autre question d'actualité pour nous. L'encyclique *Pascendi* de Pie X laisse entendre que les positions de ces deux catholiques peuvent conduire à l'agnosticisme! Même l'idée moderniste de ceux-ci qui mettaient l'accent «sur la perception de Dieu au plus intime de l'homme» pouvait conduire à l'ignorance de la Révélation de Dieu lui-même ! Ah ! cette méfiance ecclésiastique du jardin secret de l'homme.

La crise moderniste au sein de l'Église va contribuer à la replier sur elle-même, sur ses structures cléricales. En cela, elle deviendra son propre ennemi dans le monde moderne du xxᵉ siècle, qui ne lui accordera guère de crédit jusqu'au concile Vatican II. Le culte de la papauté dont Pie XII sera la figure dominante renforcera la décrédibilisation de l'Église aux yeux des esprits modernes. Déjà au début du siècle, les jeux étaient faits. La parole chrétienne entendue viendra de la marge. On pense à Péguy qui était à cent lieues de la langue de bois ecclésiastique de son temps. À propos du conformisme romain, il dira : « Il y a quelque chose de pire qu'une pensée fausse, c'est une pensée figée, habituée. »

Encore à la marge de l'institution ecclésiale, on trouve Claudel, Bernanos, Mauriac, Green, qui vont donner une nouvelle pertinence historique, culturelle et spirituelle au catholicisme. Les écrits de Bernanos, particulièrement, sont porteurs d'un souffle prophétique unique dans le monde intellectuel de l'Église. Ce sont eux que les chrétiens du xxᵉ siècle, y compris les incroyants, ont lus et fréquentés. Dans les milieux d'Église et les cercles théologiques, on s'est peu interrogé sur la parole signifiante de ces laïcs catholiques et sur leur apport au renouvellement de la pensée et de la culture chrétiennes.

Finalement, même les théologiens modernes, presque tous religieux, s'en sont peu inspirés. Un peu plus les philosophes d'inspiration chrétienne comme Maritain, Gilson, Guitton et Mounier. Et ceux-ci étaient des laïcs ! Encore ici, le bilan est bien limité quant à l'apport intellectuel des laïcs au xxᵉ siècle. Siècle dit du laïcat par tous les papes depuis Pie XI. La situation n'a pas changé depuis, bien au contraire. Les autres sphères de l'Église sont encore presque toutes entièrement cléricales. Et ce, au moment de l'affaissement des vocations cléricales et religieuses. Ce sont les laïcs chrétiens qui deviennent les principaux transmetteurs de la foi. L'Église s'y est bien peu préparée. On leur confie des ministères résiduels supervisés cléricalement au point d'en faire eux-mêmes des clercs. Cela se traduit dans la plupart des décrets de Rome sur la pastorale. À titre d'exemple, il est strictement défendu de confier une homélie à un laïc. Comme si tous les prêtres avaient, de par leur statut, ce charisme de transmission. Un indice parmi mille de cet angle mort de toute réforme du système de l'Église. À la fin de ma vie, je vis un sentiment d'absurdité, quand je songe au fait qu'il y a encore dans l'Église de précieuses ressources humaines laïques, mais à qui on donne le plus souvent le statut d'adjudant des clercs. Bien sûr, il y a des exceptions. Mais il suffit de penser aux formidables avancées des femmes dans tous les créneaux de la société moderne, et de mettre en regard de ce phénomène le statut des femmes dans l'Église catholique. Ici l'angle mort du système est même proclamé par Rome : « N'y pensez même pas, dit-on aux femmes, l'Évangile s'y oppose. » Grand Dieu ! Où ça ?

La crise moderniste n'a pas cessé. Elle est des trois présents d'Augustin. Les théologiens modernes en grand nombre partagent ce point de vue, mais sans impact. Je comprends la tristesse de Congar, ce grand théologien du laïcat, à la fin de sa vie. Et l'on pourrait en nommer plusieurs autres dans les pays occidentaux.

La pire façon de laisser pourrir un problème, c'est de le nier. Et si vous y ajoutez le recours magique à l'Esprit saint qui « va régler tout cela », vous donnez l'ultime légitimation de désengagement à ceux qui pourraient contribuer à la solution du problème.

Je pense à la belle invitation de saint Paul : « Éprouvant tout, retenez ce qui est bon » (1 Th 5,21). Il a bien dit : *Éprouvant tout* ! Les laïcs chrétiens seront-ils de la partie ? Je dis ces choses à regret, presque à mon corps défendant. L'Église catholique est ma famille spirituelle. Je tiendrai à elle jusqu'au bout, mais d'abord à cause des chrétiens, de ceux qu'on appelle le peuple de Dieu. Quitter la barque, ce serait à mes yeux les trahir, eux et leur Seigneur qui est aussi le mien.

Le fond de scène séculier de la crise moderniste

Au tournant du xxᵉ siècle, les esprits laïques ont été préoccupés du remplacement des rôles normatifs que le christianisme a joués historiquement dans la vie individuelle et collective. La nouvelle laïcité avait à définir ses propres profondeurs morales et spirituelles. À cette époque, Durkheim, Bergson et beaucoup d'autres acteurs laïques ont fait rebondir la question éthique comme lieu majeur des enjeux de sens et de finalité dans les changements profonds qui se produisaient.

À tort ou à raison, je pense que nous vivons un phénomène semblable dans le tournant historique actuel, face aux nouveaux défis que posent la technoscience, à la nouvelle donne de la globalisation économique mondiale, à la crise des États, au brouillage de tout ce qui relève du normatif, à la détérioration des assises de la nature, à la révolte imprévue des identités ethniques et religieuses, au désarroi profond des consciences et au sentiment d'impuissance fort répandu partout dans le monde contemporain. D'où la résurgence du questionnement éthique aussi bien dans l'intériorité que dans les nouveaux engagements à tenir.

Bien sûr, il y a là des défis inédits. Quels seront les apports pertinents de la pensée chrétienne ? Mais on vient de voir comment la crise du modernisme (fin du xixᵉ siècle et début du xxe) peut déjà éclairer la situation actuelle du catholicisme. Mais une nouvelle étape va chevaucher la précédente. Son principal jalon sera le concile Vatican II au début des années 1960.

Celui-ci a été influencé par l'avènement d'un laïcat qui a développé un autre rapport au monde moderne, tout en remettant en cause le modèle dominant de la chrétienté cléricale. Cette mouvance s'inspirait d'une relecture des sources chrétiennes dans sa dimension séculière qui avait été longtemps occultée. Cette pensée chrétienne a été aussi marquée par les nouveaux mouvements culturels qui ont suivi la Deuxième Guerre mondiale.

Que d'espoirs cette effervescence a soulevés chez plusieurs chrétiens de ma génération! J'étais un jeune laïc à cette époque. Ce fut pour moi une sorte d'école parallèle à l'enseignement collégial qui ignorait ce nouveau souffle de la pensée chrétienne. De nouveaux théologiens nous ont accompagnés. Et ce sont eux qui vont marquer profondément le concile, même si celui-ci fut avant tout une affaire de clercs. Mais la brèche a fait quand même son chemin.

Au lendemain du concile, une crise du laïcat allait se produire. Pendant que les évêques redéfinissaient l'Église à Rome, ici au Québec, une société autre, laïque, prenait corps. Des laïcs chrétiens de ma génération y ont largement contribué. Normalement l'Église «conciliaire» aurait dû s'y sentir à l'aise, précisément à cause de ses ouvertures sur le monde moderne. Hélas! ce ne fut pas le cas. Elle n'a pas relevé le gant de cette laïcité en germe. Elle s'est plutôt repliée sur ses renouveaux internes. La crise de l'Action catholique des laïcs est un des événements de cette époque.

Face à cette rupture, l'épiscopat constitua une commission d'enquête (Commission Dumont). Des milliers de laïcs y participèrent. Le rapport de cette commission fut pratiquement «tabletté». Il est resté quasi lettre morte dans l'institution ecclésiale. Les nouvelles communautés de base créées par des laïcs firent long feu. De même les mouvements familiaux qui avaient développé une spiritualité laïque ont été éreintés par l'encyclique *Humanæ vitæ* sur la morale conjugale. Cette rupture de la conscience laïque n'a cessé d'être sous-estimée jusqu'à aujourd'hui dans l'Église catholique. Le laïcat chrétien est devenu silencieux dans l'espace séculier public. Et l'institution ecclésiale s'est repliée de plus en plus sur elle-même.

Entre-temps, les vocations sacerdotales et religieuses se sont asséchées au point qu'aujourd'hui on assiste à la mort du clergé et des communautés religieuses. Et voilà que l'Église devra compter sur des communautés chrétiennes qui se prennent en main. Mission impossible si l'institution maintient sa structure cléricale de base réduite à une peau de chagrin! Elle y perd sur les deux fronts: des laïcs sans statut décisionnel dans l'Église et un laïcat chrétien comme tel, absent, sinon marginal dans la société séculière.

Mais j'ai parlé plus haut de la brèche laïque que le concile Vatican II a ouverte. Elle est toujours là. Elle a inauguré une nouvelle étape de la pensée chrétienne que l'on peut raviver, car il n'y a pas que ce versant critique que je viens de souligner.

Voyons bien ici le paradoxe: voici une Église inculturée dans la société du Québec pendant plusieurs siècles, et qui se délite des changements socioculturels de cette même société. Les réformes de l'après-concile ont été vécues sous un mode intemporel et consacré à la vie interne de l'institution. Bien en deçà et au-delà des ruptures religieuses et morales, ce sont les nouveaux substrats culturels et les transformations sociétaires qui n'ont pas été pris en compte. À savoir ceci: l'Église n'a pas développé la capacité d'exercer ses missions sur des terrains qu'elle ne définit plus, qu'elle n'aménage pas, qu'elle ne dirige plus. Et culturellement, les laïcs se sont démarqués aussi bien des prescriptions nouvelles que des anciennes au nom d'une conscience davantage autodéterminée, d'une foi plus libre, d'une quête de bonheur ici et maintenant, d'une requête démocratique (absente de l'Église), de débats de fond (sans cesse refusés ou refoulés) et d'un véritable statut adulte dans l'Église (comme ils en ont dans la société).

C'est ce que la plupart des laïcs nous ont dit à la Commission Dumont. Et l'écho que nous en avons donné s'est vite éteint dans le monde ecclésiastique.

Bien au contraire, l'Église d'ici n'a jamais été aussi téléguidée de Rome que depuis les dernières années avec un cumul de décrets prescriptifs tatillons et péremptoires. Cette dite restauration est loin de l'esprit de l'Évangile, de Vatican II et ses promesses, de la situation historique actuelle comme appel à de profondes mutations du style de l'Église et de la pensée chrétienne. Si bien qu'on peut se demander si le dernier concile n'a été qu'un bref intermède dans la longue foulée de la crise du modernisme depuis le xixᵉ siècle.

Bien sûr, il y a eu des progrès de la pensée chrétienne laïque et séculière, comme on le verra plus loin. Mais l'institution ecclésiale n'a pas suivi, bien au contraire. Et cet écart n'a fait qu'accentuer la désertion massive des laïcs catholiques, particulièrement chez nous au Québec. Depuis quarante ans, j'ai vu partir, par vagues, des engagés chrétiens qui se sont lassés de cette «instance du non» qu'est devenue l'Église postconciliaire. Plus ils étaient instruits, plus vite ils s'éloignaient. Plus ils étaient engagés dans la cité, plus ils fuyaient l'Église qui ne leur accordait aucun statut décisionnel.

À ma connaissance, on n'a pas fait l'examen du départ de ces forces vives. Paradoxalement, même en pleine chrétienté s'était constitué dans l'Église un laïcat qui a été une des sources d'inspiration de Vatican II. Qu'en reste-t-il? Là aussi, cet examen n'a pas été fait. Je dirais la même chose du départ aussi massif des prêtres et religieux dont plusieurs étaient des personnalités fortes. Qu'on ne me dise pas que je cède ici à un quelconque élitisme. Une institution qui perd de telles forces vives doit s'interroger sur la signification d'un phénomène aussi important, mais elle ne l'a pas fait. Et c'est encore le cas.

Un autre regard :
É.-Martin Meunier

Au sortir de Vatican II, les catholiques présentaient une religion pleine de promesses. Tout ou presque avait été mis en place pour faciliter la coexistence de la foi et des diverses réalités mondaines. «On ne pouvait aller plus loin, de rappeler le père Congar, sans provoquer des ruptures.» À la surprise de plusieurs, l'après-concile fut l'un des moments les plus difficiles de l'histoire contemporaine du catholicisme institutionnel en Occident. La rapidité avec laquelle la référence chrétienne s'est étiolée demeure et demeurera longtemps l'un des phénomènes sociohistoriques les plus spectaculaires qu'il nous ait été donné de voir. La réponse à cette énigme exigera réflexion, effort et patience. Mais se peut-il que maints artisans de l'éthique personnaliste aient secrètement espéré une sorte de purification par le feu pour qu'advienne la renaissance de l'authentique tradition chrétienne?

Pour moi, plus je voyage des sources à la réalité présente du christianisme moderne, affirmait Emmanuel Mounier, plus je me persuade que nous ne retrouverons, tous, la vraie foi qu'après un effondrement si total de la chrétienté moderne que beaucoup croiront à la fin du christianisme. Mais cette apostasie générale, ce ne sont pas les générations qui en pâtiront, qui en porteront le poids au Jugement, c'est nous tous, les faux témoins, depuis quatre siècles et plus...

En ce cas, l'exculturation actuelle du catholicisme, dont nous parle Danièle Hervieu-Léger[7], proviendrait peut-être de cette sortie religieusement souhaitée de la religion. Pour les croyants qui se font

---

7. Danièle Hervieu-Léger, *Catholicisme, la fin d'un monde*, Paris, Bayard, 2003.

aujourd'hui moins nombreux, l'enjeu est sans doute de savoir si cette chute ne fait que débuter ou si, au contraire, nous en sommes déjà au moment de renaissance. Chose certaine, le débat n'est pas clos, loin de là. Entre le souhaitable effondrement et le réenchantement institutionnel, entre la dissolution de l'Église dans le monde et sa consécration absolue, il montre à voir une facette de la paradoxale vitalité[8] de l'esprit du catholicisme contemporain qui se transforme au gré des crises successives qui semblent le traverser[9].

8. Raymond Lemieux et Jean-Paul Montminy, « La vitalité du catholicisme québécois », dans Gérard Daigle (dir.), *Perspectives sur le Québec, 1960-1990. Tensions. Enjeux. Défis*, Montréal, Presses de l'Université de Montréal, 1992, p. 574-607.

9. É.-Martin Meunier, *Le pari personnaliste, modernité et catholicisme au* XXe *siècle*, Montréal, Fides, 2007, p. 344-345.

Au concile Vatican II,
un autre rapport au monde

O N A DIT, NON SANS RAISON, qu'au cours des dernières décennies la pensée chrétienne a développé des touches séculières et laïques. Or, là aussi, il y a de longues filiations historiques. J'en ai esquissé plusieurs jalons dans cet ouvrage : d'abord les veines séculières dans la Bible et les Évangiles, et dans les premiers siècles du christianisme, et puis, il y a eu au XIII⁰ siècle, au temps des cathédrales, les fameuses communes médiévales. Ce fut un exemple unique d'Église populaire dans l'histoire du catholicisme. On y trouvait un peuple chrétien structuré et organisé. C'est lui qui a bâti les cathédrales. Celles-ci n'étaient pas seulement des lieux de culte, mais aussi des lieux de réunion du peuple où l'on pouvait discuter des affaires publiques. Les confréries de laïcs, les corporations de métiers fondèrent des hôpitaux et des écoles. Les membres étaient égaux et élaboraient en commun leurs règlements. Ces confréries instituèrent leur secours mutuel, avec allocations en cas de maladie, de malheur ou d'indigence. Elles constituèrent la structure réelle du peuple laïque des bourgs, ces nouvelles villes autour de la vieille cité médiévale plus ou moins sclérosée[1]. Cela a duré cent cinquante ans.

---

1. Joseph Comblin, *Théologie de la ville*, Paris, Éd. Universitaires, 1968, p. 333-341.

Mais les pouvoirs religieux ont mis fin à cette expérience qui les menaçait. Saint Thomas, figure de proue des interrelations entre la culture et la foi chrétienne, fut condamné par l'archevêque de Paris. Les conciles qui suivirent ont renforcé cette rupture, comme nous l'avons vu plus haut. Il a fallu attendre jusqu'au concile Vatican II, aux xxᵉ siècle, pour que l'Église comme telle se démarque vraiment de ses procès récurrents du monde autre qui s'est constitué depuis la Renaissance. Bien sûr, Vatican II ne tient pas d'une création spontanée. Comme je l'ai évoqué plus haut, la mouvance d'une pensée chrétienne laïque s'était exprimée et développée au cours de la première moitié du xxᵉ siècle. Il faudrait ajouter, ici, l'action catholique du laïcat ; les courants du personnalisme chrétien et de la théologie des réalités terrestres ; des ouvrages comme *Vraies et fausses réformes de l'Église* ; des renouveaux bibliques et liturgiques marqués des touches laïques de la civilisation contemporaine.

Vatican II reconnaît les divers progrès accomplis par le monde moderne comme le déploiement normal de la création de Dieu. Il y avait là une relecture des sources bibliques, telle cette mission de penser, de transformer et de réenchanter le monde. Rien ici d'une sacralisation figée du monde, de l'ordre naturel, de la condition humaine, de la culture ou des valeurs humaines. Et surtout, Vatican II redonne à la raison et à la liberté une place majeure dans la foi chrétienne. Ce qui allait susciter beaucoup d'espoir chez les laïcs et leur statut dans l'Église, avec la possibilité de débats de fond, au besoin, en toute institution qui se veut capable de judicieux renouvellements. Sans compter l'ouverture à une foi adulte apte à engager sa propre histoire spirituelle personnelle, et son propre jugement de conscience et de discernement spirituel.

Il en va de même de l'ouverture à la diversité des cultures, des Églises locales et des communautés chrétiennes. Encore ici, on trouve une relecture plus dynamique et prophétique des sources chrétiennes où se conjuguent le singulier et l'universel, le principe communautaire et la gouvernance collégiale. Dans sa démarche elle-même, Vatican II a fonctionné par dialogues, débats et consultations. Ce qui, hélas, disparaîtra par la suite, tellement le système unitaire de l'Église réaffirmera sa posture absolue et exclusive.

Mais cette brèche historique cessera d'interpeller le monolithisme romain. Les synodes qui suivirent Vatican II n'ont eu de collégialité que le nom. D'où leur perte de crédibilité aussi bien chez les laïcs chrétiens que dans le monde séculier et médiatique. Dans nos sociétés occidentales démocratiques et chez nos contemporains, l'institution ecclésiale catholique est perçue comme un étrange anachronisme. Au point de susciter bien des doutes sur la liberté de la pensée chrétienne dans l'Église.

Mais, paradoxalement, une Église autre (et non une autre Église) est en gestation depuis Vatican II, comme si des chrétiens et des pasteurs s'étaient résolument et librement réapproprié la liberté fondamentale de leur foi, et de son intelligence, non seulement dans leur vie personnelle, mais aussi dans leur détermination de faire Église autrement. Un modèle historique de l'institution est en train de mourir. Les signes avant-coureurs sont nombreux, tel l'affaissement de la structure cléricale dominante qui débouche sur des communautés chrétiennes qui auront elles-mêmes à se prendre en main, avec de nouveaux ministères plus diversifiés et laïques.

Mais plus profondément, ce sont les nouvelles libertés de la pensée chrétienne qui marquent un tournant inédit dans le système religieux de l'Église bâtie sur l'obéissance inconditionnelle des laïcs catholiques. C'est sur ce terrain qu'une majorité d'entre eux se sont réapproprié leur conscience, et l'intelligence de leur foi, et leur éventuel mode d'appartenance à une Église autre où ils seront de véritables acteurs, interprètes et décideurs dans leurs communautés, sans pour cela nier le rôle important du magistère du collège apostolique et de ses représentants. Comme c'était le cas au cours des premiers siècles de l'Église. Rappelons que ce sont les chrétiens de l'époque qui ont été les principaux transmetteurs de la foi dans les divers circuits de la vie et de la cité. Je viens de souligner le caractère inédit de la situation présente. Un autre trait de cette nouveauté est celui-ci : nos sociétés occidentales ne sont plus «sacrales» comme celles d'hier. Elles fonctionnent sans l'Église, et même sans Dieu. C'est massivement une autre donne culturelle, sociétaire et religieuse. Dans l'histoire récente un monde laïque s'est constitué. Bien avant Vatican II, une pensée laïque chrétienne, un humanisme chrétien laïque, une intelligence chrétienne de ces nouveaux signes des temps ont pris corps dans cette culture moderne autonome par rapport aux Églises. La référence «profane» a retrouvé son sens originel, c'est-à-dire «hors du temple». C'est du dedans de cette aire que sont nées d'autres sensibilités et spiritualités, d'autres façons de croire, d'autres lectures des sources chrétiennes, et en particulier des interprétations plus séculières des Évangiles. Ce que Marcel Gauchet a appelé une «sortie de la religion», mais sans reconnaître les mutations du religieux lui-même dans la modernité laïque, y compris chez les laïcs chrétiens. Ceux-ci ont mis de l'avant la conviction que l'Esprit travaille d'abord dans le monde, que nous sommes d'abord des êtres au monde, et qu'originellement «Dieu a tant aimé le monde qu'Il lui a envoyé son Fils» pour en faire un «Fils de l'homme» et du monde.

Il y a là un renversement radical de la religion. Le monde qui fait partie du Royaume de Dieu. Jésus de Nazareth lui-même a connu et vécu un tel déplacement radical. Même dans le Royaume éternel qu'il annonce, toute la Création est appelée à y entrer (le monde et l'humanité, la chair et l'esprit). Du coup, se ressoudaient la Création, l'Incarnation, la croix et la Résurrection. Tout autant dans le monde réel et l'histoire humaine que dans la promesse du Royaume éternel de Dieu.

Dans le retracement historique de l'évolution de la pensée chrétienne, j'ai montré comment il a fallu des siècles pour sortir de la religion du «mépris du monde» avec ses méfaits dans la vie et l'âme des laïcs chrétiens. Certes, cet emprunt aux peurs religieuses venues du fond des âges de l'humanité ne rend pas compte des autres apports, positifs ceux-là, de la tradition chrétienne. Aujourd'hui, il me semble que les chrétiens de chez nous vivent une foi plus saine, plus libre, plus réfléchie. Leur émancipation des pesanteurs de la chrétienté d'hier doit beaucoup à la nouvelle liberté de la pensée chrétienne. À ce chapitre, il faut bien admettre que cette distanciation était plus nécessaire et plus bénéfique qu'on ne le dit dans les milieux ecclésiastiques. Redisons-le, l'histoire secrète que plusieurs catholiques vivent avec Dieu, hors du temple, est étonnamment vivace. Elle échappe aux encadrements pastoraux qu'on veut encore leur imposer, sans prendre en compte leur propre «je crois», leur propre cheminement spirituel. Même chez les pratiquants, il y a un quant-à-soi que, nous les clercs, ignorons trop souvent. Des recherches récentes, celle de Raymond Lemieux et la nôtre, en témoignent.

Je soupçonne qu'il y a là des richesses qui ne sont pas étrangères au travail de l'Esprit saint en eux. Comment ne pas célébrer cette libre circulation de la foi souvent dans de multiples chemins de traverse porteurs d'avenir!

Fernand Dumont a noté ce phénomène sous-estimé.

Ces itinéraires de croyants qui, à l'intérieur ou dans les marges, ont cherché les raisons d'être de leur foi. C'est cette histoire souterraine qu'il faudrait raconter. Elle est difficile à interpréter, car elle se déroule dans l'intime des consciences, dans des entrelacs complexes. Il se pourrait que là se profilent les promesses de l'avenir [...] De partout renaissent de vieilles pousses et réapparaissent de nouvelles. La recherche d'une identité chrétienne se poursuit mieux au ras du sol. Elle se dit mal au grand jour; ce qui est peut-être sa meilleure garantie d'authenticité. Des croyants se sont mis en retrait pour mieux s'interroger sur leur foi [...] L'Évangile s'est remis à circuler librement, sans trop de souci pour les frontières et les terrains accoutumés [...] Les croyants sont redevenus les *voyageurs* dont parle l'Écriture [...] pourvu que l'on ne tente pas de raccourcir le temps qui va de la tragédie du Vendredi saint à l'aube de Pâques[2].

Dumont ne s'en tient pas à cette nouvelle dynamique des consciences croyantes. Il insiste sur une foi chrétienne plus aventurée, plus exposée, mieux repensée du dedans des enjeux culturels et sociaux actuels. L'Église devient une institution de nulle part sans ces ancrages, surtout si elle n'a de référence qu'elle-même, et de souci que son autoprotection ou sa survie, totalement téléguidée par la superstructure romaine. Ce qui contredit radicalement le dernier concile.

Ce n'est pas seulement à Rome que l'on pratique la pensée unique, le sens unique, la langue unique, la *doxa* unique. L'offre pastorale unique, quoi, au moment où la demande se conjugue plus que jamais au pluriel. Il est trop facile d'y voir seulement des comportements religieux ou de foi «à la carte». Alors qu'il s'agit tout autant de démarches de discernement et d'interprétation, inhérentes à une foi plus personnellement pensée et réappropriée. Condition nécessaire pour une prise de parole des chrétiens, pour leurs échanges en communauté, pour un vrai statut dans l'Église et pour un judicieux témoignage dans la cité. Cela conteste une pastorale qui transmet une langue de bois qui rend impossible le dialogue avec les contemporains. Je tiens à évoquer, ici, un propos fort éclairant d'un laïc chrétien.

J'en suis venu à penser que bien des valeurs modernes sont plus près de l'Évangile que ne l'est un certain héritage religieux. J'ai été amené à repenser ma foi chrétienne du dedans de ces valeurs. Et du coup, j'ai pu, dans mon dialogue avec mon entourage, être compris quand je parlais de ma foi. L'autre que j'étais comme chrétien était

2. Fernand Dumont, *Une foi partagée*, Montréal, Bellarmin, 1996, p. 293-297.

bien reçu parce que j'étais aussi l'un des leurs de par des valeurs que je partageais avec eux. Je pouvais alors faire état des horizons de sens que Dieu donne, par exemple, à notre courte vie, à la mort, à son au-delà, à nos désespérances comme à nos espoirs, sans jamais se substituer à nos propres libertés et responsabilités. Pas un Dieu béquille, plutôt un Dieu qui se propose et ne s'impose pas, dans l'ouverture qui est déjà là dans la conscience humaine plus grande que nous-mêmes. Souvent, mes interlocuteurs se situaient, à leur tour, dans ce qu'ils avaient de plus profond en eux-mêmes sans que ni l'un ni l'autre se considère supérieur. Moi, au soir de ma vie, c'est le testament spirituel que je laisse à mes enfants et petits-enfants : une bonté plus profonde que le mal. C'est ça notre pari chrétien fondé sur le Dieu de la Bible en les Évangiles de Jésus-Christ. Avec la Promesse qu'il n'abandonnera jamais l'humanité, même lorsqu'elle se crée ses enfers. Mais c'est toujours pour ressusciter la grandeur humaine, sa beauté, sa réussite comme anticipation du Royaume éternel de Dieu.

On ne saurait mieux exprimer l'évolution récente de la pensée chrétienne. Une évolution qui, par-delà son ancrage dans l'actualité historique des grandeurs et des misères du monde contemporain, s'inspire d'une relecture, d'une réinterprétation des sources bibliques et évangéliques.

L'utopie de la fraternité

Ces dernières remarques m'amènent à souligner un autre trait de la pensée chrétienne actuelle, elle aussi tributaire à la fois du présent et de la tradition chrétienne. Étonnamment, ce « neuf » de la foi chrétienne nous vient d'œuvres marquantes issues d'auteurs laïques, parfois même incroyants. J'en cite une première. Il s'agit d'un film intitulé *Joyeux Noël* qui s'est inspiré d'un événement unique dans l'histoire moderne.

C'était au temps de la Première Guerre mondiale (1914-1918), un soir de la veille de Noël. À deux cents mètres les unes des autres, il y avait les tranchées des alliés français et anglais, et celles des soldats allemands. À un moment donné, les Allemands ont entonné des chants de Noël comme *Adeste Fideles*. Les soldats alliés se sont mis à chanter le même chant. Et voilà qu'un soldat allemand sort de sa tranchée avec un sapin de Noël et marche vers les alliés. Tout le monde reste figé. Puis, un à un, alliés et Allemands vont à leur rencontre. Échange de vœux, partage du vin français, du scotch écossais et de la bière allemande. Un prêtre écossais dresse un autel et tous participent à la messe de minuit.

À l'aube, ensemble ils enterrent leurs morts avec un respect mutuel et une compassion commune qui transcendent leur haine et leur sentiment de l'absurdité de cette guerre dont leurs morts témoignent, et la fraternité qu'ils viennent de vivre. Et comme pour détendre cet insoutenable serrement de cœur, les voilà qui jouent une partie de soccer. Autre symbole d'humanité partagée.

Quel grand moment de grâce pour défier le destin et exprimer cette increvable espérance chevillée à l'âme humaine, et sa force de résurrection !

Après cet événement, les généraux allemands ont puni leurs soldats en les envoyant se faire tuer sur le front de Russie. Et les généraux alliés ont accusé leurs soldats de crime de guerre. Vous êtes uniquement là pour tuer les soldats ennemis. Tout cela rappelle l'histoire de Jésus de Nazareth.

Point de salut sans pardon

Un des grands spécialistes de l'analyse de la violence humaine, René Girard, après avoir montré que Jésus de Nazareth a brisé la logique infernale de la chaîne sans fin des violences humaines, en est arrivé à ce constat : il n'y a pas de salut sans pardon... pas de fraternité universelle de la famille humaine sans pardon. Ce serait là, selon lui, la posture fondamentale du christianisme, d'une actualité brûlante. Pour nous chrétiens, cette conviction a une source, un nom, une histoire en Jésus-Christ, envoyé de Dieu dans un même Esprit saint qui peut inspirer cette espérance d'une humanité raccordée plus juste et heureuse. N'est-ce pas le vœu le plus cher au meilleur de notre condition humaine commune? À l'horizon des inévitables conflits et luttes de justice et de liberté. À cela j'ajoute ce lien humain d'un amour qui transcende ces luttes. Ce *plus* de l'amour, selon l'Évangile chrétien, part du souci prioritaire des tiers innocents qui ne sont pas inscrits dans les rapports de forces qui se disputent l'hégémonie du monde et les biens terrestres. J'y reviendrai.

En voyant le film *Joyeux Noël* que je viens d'évoquer, on ne peut que penser à la triste mémoire des nombreuses guerres entre Anglais, Allemands et Français. Et voilà que ceux-ci et ceux-là prennent conscience de l'absurdité de cette tuerie mutuelle. Alors qu'ils se retrouvent entre eux avec la même fibre humaine, sacrifiée comme chair à canon, par des pouvoirs qui démonisent «l'autre» pour mieux le dominer. Eux, les soldats des deux camps, sont tous des tiers innocents. Ce qui faisait dire à l'un d'entre eux, face à son général d'armée: «Moi, Français, je me suis senti plus près des Allemands que de vous qui n'avez que de la haine dans le cœur.» Pour crever ce mur de non-sens, les soldats alliés et allemands ont vécu et célébré ensemble la Noël de Dieu et de la même condition humaine partagée. L'histoire de la crucifixion de l'Innocent Jésus de Nazareth et de sa résurrection par Dieu a été pour eux le seul sens, le seul espoir dans ce champ de bataille infernal. Quelle parabole moderne du christianisme! Un des rares lieux où l'on croit au pardon et à une possible fraternité «universelle».

Plus profondément, ce moment de grâce figure la transcendance d'inspiration chrétienne. Une transcendance radicalement inscrite non seulement dans le meilleur de notre humanité, mais aussi dans sa trame historique et dramatique, dans ses «concrétudes» culturelles et politiques. Il y a là un exemple typique de l'intelligence de la spécificité chrétienne qui a sa place dans le champ des autres rationalités anthropologiques.

Un autre film, celui-là bien de chez nous au Québec, évoque une autre figure de la transcendance chrétienne. Il s'agit du film intitulé *La Neuvaine*, conçu et réalisé par l'anthropologue Bernard Émond. Cet incroyant porte un regard neuf sur son héritage religieux catholique dans ce qu'il a de plus traditionnel. Il met en scène la rencontre d'un jeune adulte catholique avec une femme médecin incroyante. Celle-ci vit un profond drame intérieur qui l'amène au bord du suicide. La rencontre a lieu au bord du fleuve Saint-Laurent, en face de la basilique Sainte-Anne-de-Beaupré. Un lieu de pèlerinage au Québec. Le jeune adulte y vient faire une neuvaine pour prier la Sainte Vierge de guérir sa grand-mère qui est «la seule personne au monde qui lui reste». Au début du film, la femme médecin s'apprête à se jeter dans le fleuve devant le jeune homme en train de manger un sandwich. Il se rend compte qu'elle grelotte sur la berge. Avec une naïveté désarmante, il va la couvrir de son manteau, et lui dit ces seules paroles: «Demain, je serai ici à la même heure.» Puis il quitte les lieux. Quelques rencontres vont s'ensuivre, ponctuées de longs silences. Il partage son *lunch* avec elle. Il finit par apprendre qu'elle est médecin. Ce qui l'incite à lui demander de venir voir sa grand-mère. Elle lui laisse entendre que sa grand-mère va sûrement mourir. La vieille dame dit à son petit-fils: «Je vais continuer de veiller sur toi, là-haut avec le bon Dieu.»

Voilà l'essentiel de la trame très simple de ce film qui met en présence une femme professionnelle moderne qui vit un vide spirituel de sens et un jeune d'esprit religieux primaire. À première vue, ils sont à cent lieues l'un de l'autre. Tout ce qu'il faut pour marquer l'opposition entre la raison de l'une et la foi de l'autre, entre le réalisme de la mort et l'irrationalité de l'espérance. Et pourtant, ce jeune homme va sortir cette femme de sa nuit. Aucune explication psychologique ou même philosophique ne peut rendre compte de cette rencontre d'âme à âme et de cette rédemption. L'essentiel s'est joué dans le silence, et cette part secrète, mystérieuse au fond de l'être. Même pas un croisement de la croyance de l'un et de l'incroyance de l'autre. Seule une transcendance indicible, ineffable, qui ouvre la vie et la mort sur l'horizon d'un sens inattendu et inespéré, inconditionné et inconditionnel, post-traditionnel et postmoderne.

Mais il y a d'autres regards plus distancés. Révolutionnaire dans les années 1960 et 1970, le philosophe Régis Debray dévoile sa curiosité pour le Dieu des catholiques et raconte son nouveau credo, souvent avec humour[3]. «Dès qu'un laïque s'intéresse à la religion, dit-il, on le soupçonne d'avoir vu la Vierge Marie dans le ciel ou au fond de la nef de Saint-Sulpice.» C'est d'abord en Bolivie, chez les Amérindiens, qu'il a commencé de s'interroger sur l'intelligence religieuse. D'où vient la résistance des Amérindiens face à son idéologie politique révolutionnaire? Leurs mémoires autres, leurs identités irréductibles. «La croyance, c'est ce qui subsiste et résiste. Ma découverte du religieux se confond donc avec ma surprise devant la diversité des cultures humaines. Au fond, c'est le principe de réalité qui m'a fait rencontrer l'inconscient religieux. Mais il y a plus. Étudier le religieux, c'est se donner les moyens de trouver la clé de l'énigme. Il faut se demander comment les religions, officielles ou non, sont parvenues à produire de la fierté collective et des fils conducteurs capables de traverser les siècles.»

Se pourrait-il que l'incapacité de se situer dans le temps, dans nos sociétés laïques, ait beaucoup à voir avec la perte du sens

---

3. Dans le *Figaro Magazine*, 12 avril 2003.

religieux passé à l'épreuve de l'espace et du temps, avec ses symboliques très denses de mémoire et d'horizon? C'est ce qui amène Debray à ce qu'il appelle la « sédimentation chrétienne », qui inclut son héritage français catholique. Avec des questions aussi concrètes que celle-ci :

> J'ai toujours été frappé par ce mystère que constitue l'existence de prêtres, de pasteurs ou de rabbins, c'est-à-dire de gens qui ne sont pas déterminés par l'argent, la vanité ou le pouvoir. Dans une société totalement matérialiste où les vies sont organisées par le pognon, voilà des personnes qui relèvent d'un autre ordre, qui posent la question du désintéressement [...] dans une société qui ne croit plus en l'au-delà, voilà des gens qui se consacrent à leur prochain, tout autant ancrés dans le temporel que dans l'éternel... ces grands sportifs de Dieu. Je les vois, pour ma part, comme les athlètes de « l'humanitude ». Ils portent à un point extrême la capacité qu'a l'homme de dépasser infiniment l'homme.

Debray reconnaît aussi les graves travers du religieux. Mais même là, il dira que l'intelligence religieuse peut nous en apprendre beaucoup sur l'homme dans ses contradictions.

Et puis il y a cette autre figure fascinante dont j'ai déjà parlé : Éric-Emmanuel Schmitt. « Je suis humaniste interrogatif. Lorsqu'on ferme une porte, je la rouvre. » Cette posture a beaucoup à voir avec la démarche de Jésus de Nazareth. « Je suis un écrivain de l'espérance dans un monde désespéré. Le pessimisme est la langue de bois de notre époque [...] quand on est optimiste, on est niais, on ne connaît pas le malheur. C'est le contraire, l'optimiste est celui qui connaît bien le malheur, mais qui ne consent pas. »

Schmitt se dit chrétien à la manière de Pascal. Pour lui, Dieu est présent dans chacun des hommes sous la forme de sa question. Toute réponse soulève de nouvelles questions (K. Rahner). «Je suis un existentialiste du côté de Pascal plus que de Sartre. Là où Sartre voit de l'absurde, de l'insignifiant, moi je vois du mystère, un sens qui m'échappe. Dans plusieurs de mes ouvrages, j'ai présenté des êtres qui croient savoir : Pilate, Diderot, Freud.»

Ses ouvrages et ses films sur le judaïsme, le christianisme et l'islamisme transcendent les pourfendeurs tout autant que les apologètes du monothéisme. Il y a là d'autres regards sur les profondeurs spirituelles et religieuses de la chair et l'âme humaines. Il rejoint Mircea Eliade, le grand historien des religions. Par exemple, une question comme celle-ci : pourquoi et comment l'expérience religieuse a-t-elle permis qu'il y ait eu si peu de suicides dans l'histoire tragique de l'humanité ? Ou cette autre question sur la capacité religieuse de réenchanter le monde.

Il n'y a que quelques intellectuels qui sont enchantés du désenchantement du monde. Étrange laïcisme à cent lieues de la majorité des êtres humains d'hier et d'aujourd'hui. Dans sa pièce de théâtre *Le Visiteur*, Schmitt met en scène une rencontre symbolique entre Freud et Dieu. Un vrai festin d'intelligence religieuse. Et dire que l'auteur vient d'une famille athée, sans la moindre éducation religieuse. Un pur produit des milieux laïques. Certains de mes collègues athées y ont vu une rémanence de l'inconscient religieux chez ce jeune homme on ne peut plus moderne. L'esquive de son interpellation est ici trop facile, après un tel sommet d'esprit, de conscience et d'âme. Les esprits blindés ne sont ainsi pas toujours ceux qu'on pense.

Nouveaux défis de la pensée chrétienne

AUJOURD'HUI, nous sommes plus conscients de l'ambiguïté de ces deux mots: croyance et incroyance. Il y a des croyances non religieuses et des incroyances relatives à une religion particulière, ou à une posture de réserve ou de doute (agnosticisme), ou encore au rejet radical de la religion et de la foi en Dieu (athéisme). Et le «croire» couvre des territoires plus larges qu'on ne le pensait jadis. Il en va de même de la réserve et du doute qui l'accompagne, particulièrement dans la tradition juive et la tradition chrétienne où Dieu est autre que ce que l'on dit de Lui. Eh oui, il y a aussi un agnosticisme chrétien.

À ce chapitre, mes collègues ou amis agnostiques m'ont amené à me délivrer de plusieurs fausses conceptions de Dieu et d'un certain héritage dogmatiste et moralisateur, clos sur lui-même. Les esprits religieux gomment, de bien des façons, le phénomène historique inédit du nombre grandissant de contemporains qui veulent aller au bout de leur humanité sans religion ou sans Dieu. Ce qui ne les empêche pas de cultiver leur profondeur morale et spirituelle. Du coup, ils nous font découvrir que la religion et la foi en Dieu ne tiennent pas d'une évidence indiscutable, mais d'une posture libre, ouverte sur d'autres plausibilités, dont celles des agnostiques ou des athées. De même, la riche diversité des croyances religieuses conteste tout monopole de la vérité, et toute absolutisation d'une posture religieuse ou laïque. Il ne faut pas confondre relativité et relativisme. Relativisme du tout est égal, interchangeable qui débouche souvent sur «l'insignifiance» au sens fort du terme, sans foi ni loi, sans différence d'identité, d'option de base et de vrais débats de fond, et ce qu'on appelle, en termes savants, le nihilisme, et en termes populaires, le «rien là». Tout au plus, l'opinion qui remplace la conviction. L'enjeu ici n'est pas seulement entre le religieux et le laïque. Sans le sens de la relativité, on ne peut faire entrer en dialogue les cultures, les religions, y compris les différentes traditions en celles-ci et celles-là. Sans compter les requêtes du débat démocratique et ses inévitables conflits d'interprétation. Et que dire de l'ouverture à de nouveaux possibles que permet le sens de la relativité. Même au chapitre de la base commune, il n'y a pas de modèle univoque ou unique. Il y va de la qualité du dialogue, de la démocratie et des divers «possibles» de sens, de cultures et de cités.

Nos sociétés de plus en plus cosmopolites nous ouvrent plus que jamais à cette riche diversité, à sa complexité, à son métissage, à son défi d'y trouver une assise commune, elle-même «révisable».

Ce nouveau contexte se joue aussi dans la conscience de chacun où se rencontrent et souvent se disputent plusieurs identités, plusieurs références, plusieurs croyances accompagnées d'incroyances et plusieurs styles de vie.

Le christianisme lui-même se conjugue plus que jamais au pluriel, tout en ayant le défi de se penser désormais non seulement avec les autres religions, mais aussi dans différents types de sociétés laïques. Et avec des questions inédites soulevées par un univers technoscientifique en rapide expansion. Nouvelles questions qui heurtent plusieurs certitudes des systèmes religieux de sens, y compris le christianisme lui-même jusque dans ses sources historiques qui n'ont pas eu à affronter de tels problèmes. On fait le procès de la science quand elle se fait savoir absolu. Ce qui contredit sa démarche d'incessant questionnement. Comme la religion quand elle se claquemure dans son système de certitudes sans les vis-à-vis de la libre pensée, de la conscience critique, et du doute questionneur. Cela vaut pour la morale et la politique. Ces procès communs de la science et de la religion sont bien connus, comme celui de la technologie quand elle réduit le savoir à son instrumentalité, à la logique procédurale, à l'unique faisabilité, sans contenu de sens, sans finalités, sans considérations éthiques ou valorielles.

Mais il y a d'autres aspects trop peu pris en compte. Par exemple, la science a démultiplié chez l'homme les possibilités de s'assigner des fins. On comprend alors pourquoi dès les premiers pas de la révolution scientifique, aux xviie et xviiie siècles, l'Église catholique en particulier a été mise en cause dans son système de fins toutes définies à l'avance par un moule unique d'Ordre divin, moral et légal. Non pas que celui-ci n'ait pas de pertinence, mais en en faisant un système clos sur lui-même, l'Église se trouvait à contrer plusieurs nouvelles possibilités de l'homme à s'assigner des fins.

C'est sur ce terrain qu'ont commencé les plus lourds contentieux entre l'Église et le monde moderne. Sans compter qu'elle étouffait une dynamique biblique et chrétienne majeure, précisément la mission divine qui incite l'homme à engager sa propre histoire, à faire histoire. Une histoire non dessinée à l'avance, dans une incessante alliance entre la liberté de l'homme et celle de Dieu. Tout un pan de l'intelligence de la foi et de la libre pensée chrétienne manquait ici à l'appel de ces nouveaux signes des temps de la modernité. Une modernité qui était plus près de cette dynamique biblique et chrétienne que ne l'était l'Ordre dit immuable de la chrétienté, ou de ladite Providence. C'est ainsi qu'on a opposé dans l'Église les droits de Dieu aux droits de l'homme, la liberté de conscience et la loi de Dieu, et prôné une morale qui ne permettait pas, ou si peu, de s'assigner des fins. Ce qui n'a cessé de décrédibiliser l'Église et de susciter son propre rejet et l'incroyance chez beaucoup d'esprits modernes. Problème que, dans les milieux d'Église, on semble si peu reconnaître tellement les catholiques ont, de générations en générations, intériorisé cette obéissance inconditionnelle qui finissait par enlever aux croyants la confiance en leur jugement de conscience, en leur propre discernement spirituel. C'est ainsi que, massivement, les laïcs catholiques des derniers temps ont quitté l'Église pour vivre leur humanité et leur foi sans elle. Et cela davantage chez les «instruits», comme le révèlent toutes les enquêtes faites à ce chapitre. C'est là peut-être le plus grand drame de la pensée chrétienne. Car il s'agit bien de la pensée, de l'intelligence de la foi, et du libre arbitre qui, selon les Pères de l'Église des premiers siècles, est le plus grand don que Dieu a fait à cet être unique qu'est l'homme dans Sa Création.

L'écrivain chrétien Georges Bernanos a stigmatisé l'orgueil du pouvoir religieux de l'Église qui a infantilisé les consciences. Paradoxalement, des croyants comme Einstein, Delumeau et autres avouaient humblement que plus la science avançait, plus s'élargissait la zone d'inconnu, de mystère qui leur faisait se poser la question de Dieu, et des questions sur lesquelles la science n'a aucune prise, là précisément d'où surgit chez tant d'humains leur expérience religieuse, leur pari de foi en Dieu, et la quête du sens de leur vie.

Une certaine mode récente réduit cette expérience à des assises neurobiologiques. Avec ironie, le philosophe Marcel Gonche disait ceci : «Si l'homme neuronal eût été seulement un homme neuronal, des neuroscientistes contemporains n'auraient pu écrire leurs ouvrages sur l'Homme neuronal[1].»

1. Marcel Gonche, «Qu'est-ce que l'homme?», Le Nouvel Observateur, Hors série, n° 56, octobre-novembre 2004, p. 83.

Ce n'est là qu'un des réductionnismes actuels du phénomène religieux. Un peu comme Émile Durkheim qui, au début du xxᵉ siècle, ramenait la religion à un principe d'utilité sociale. Comme si l'expérience religieuse n'avait pas de sens en elle-même, comme s'il n'y avait pas des raisons de croire.

Certes, l'expérience religieuse tient de plusieurs dimensions autres que celle de la pensée : les profondeurs du cœur ; l'âme et son ouverture sur l'indicible ; le fond de mystère qui habite la conscience ; le « sentiment océanique » (Romain Rolland) de communion et d'appartenance à des horizons infinis et éternels qui font intuitionner Dieu chez des croyants religieux ; l'expérience d'une plénitude au contrepoint de la finitude humaine et de ses manques les plus profonds ; l'espérance envers et contre tout qui a traversé toute l'histoire religieuse de l'humanité (Mircea Eliade y a vu la cause du peu de suicides chez les humains) ; la possibilité d'un appel à l'Autre ; le silence comme cérémonie à la fois personnelle et communionnelle ; l'absence dans la présence et la présence dans l'absence ; une tradition où ne cessent de se renouveler les rapports entre le présent du passé, le présent du présent et le présent de l'avenir, tous trois arrimés et accompagnés de l'Éternel qui à la fois les transcende et les élève jusqu'à Lui (saint Augustin)… pour défier même la mort. « Éternel présent », ajoute Augustin.

Second regard sur la sécularité chrétienne

Autant de caractéristiques de la tradition biblique et chrétienne, et dans une certaine mesure, des diverses traditions religieuses éprouvées depuis plusieurs siècles. Mais il faut se rappeler le nouveau contexte historique occidental. Tout se passe comme si l'expérience religieuse avait émigré du temple sacral au quotidien séculier et profane. Des esprits critiques, non sans raison, y voient plusieurs réductions de l'expérience religieuse : sacralisation du vécu immédiat ; religiosité

superficielle aux modes du jour; religion civile; univers intérieur clos sur lui-même; un «moi» mesure de toute chose;
des idéologies érigées en religions séculières; une foi sans
transcendance, etc.

Ce sont là des travers indéniables. Mais ce procès met en
veilleuse le versant critique des transcendances religieuses
conçues et vécues comme des chapes de plomb qui écrasent la condition humaine, sa liberté, sa responsabilité, sa
pensée propre, sa capacité d'engager sa propre histoire et de
construire sa cité terrestre, bref, sa première base comme être
au monde.

Ici le meilleur de la conscience moderne rencontre le
basculement du divin dans l'humain, de l'humanité de Dieu
en Jésus de Nazareth, humain comme nous, y compris celui
du sacré et du saint dans la condition séculière.

Ce basculement est bien exprimé dans l'Évangile de saint
Jean. «Dieu a tant aimé le monde qu'il lui a donné son Fils
unique.» À la Samaritaine il dira que désormais ce n'est plus
au temple qu'on vivra cette foi en esprit et en vérité. Si bien
qu'aux yeux de Dieu, ce n'est plus *d'abord* la religion qui
démarque les êtres, mais leur humanité et leur inhumanité.

Tant de paraboles nous renvoient à la question : quelle sorte
d'être humain es-tu? Quelle est ta vie réelle? Quels rapports
as-tu avec tes frères humains? Et que dire des deux chartes
évangéliques : les Béatitudes et le Jugement dernier!

C'est du dedans du «monde» qu'on vit sa foi en Dieu, qui
lui-même se consacre tout entier à la réussite de notre humanité pour l'ouvrir à son Royaume éternel, déjà à l'œuvre dans
nos tâches d'humanisation, d'amour et de justice, avec une
liberté semblable à la sienne. Cette conviction traverse tout
cet ouvrage.

Cette conviction s'accompagne d'un pari de foi, d'un risque
que nous prenons, fondé dans ce risque que Dieu lui-même
a pris en nous créant semblables à Lui, et autres que Lui. Un

peu comme ceux qui mettent au monde un enfant à la fois semblable et autre qu'eux-mêmes.

Il en va de même de la portée éthique de cette foi qui se joue dans la tension dynamique entre la quête du bonheur (la « vie bonne ») et les impératifs du devoir d'humaniser toutes les dimensions de la vie et de la société. Les commandements de Dieu sont tous tournés vers cette base première. Base que nous partageons avec tous les autres humains, y compris les incroyants agnostiques ou athées. On trouve cette mouvance dans le prophétisme juif, l'espérance chrétienne, la conception du progrès issue des Lumières, et la citoyenneté démocratique porteuse d'une croyance qui se veut transformatrice du monde.

Comment dire pareil engagement sans évoquer un climat très répandu chez nos contemporains qui incline à la désespérance et à la *décroyance* face à un monde de plus en plus sens dessus dessous, jusque dans la dégradation de la nature et des assises de la vie. À cela s'ajoute l'inquiétante « déliaison » sociale dans nos sociétés de plus en plus éclatées. Bien sûr, il y a aussi ces croyances de plus en plus folles, particulièrement dans l'univers religieux. Ici, comment ne pas reconnaître la pertinence du plaidoyer de Benoît XVI qui en appelle à plus de raison et de judicieuse liberté tant religieuse que laïque.

Je suis de ceux qui souhaitent une nouvelle synergie du meilleur de la laïcité et du meilleur des sources historiques de la civilisation occidentale, dont le christianisme fait partie. Cela dit, dans le cadre de l'autonomie institutionnelle de ces deux sphères.

Il y a ici des enjeux communs. Par exemple, une société qui, collectivement, « ne croit plus » perd toute foi en elle-même. « Quand les croyances communes les plus élémentaires font défaut, manque aussi la capacité de se mobiliser autour d'un projet politique, industriel, scientifique ou éducatif[2]. »

2. Jean-Claude Guillebaud, *La force de conviction*, Paris, Seuil, 2005, p. 289. Voir aussi Charles Taylor, *Le malaise de la modernité*, Paris, Cerf, 2002.

Il est faux de penser qu'il n'y a aucun rapport entre cette *décroyance* et les décrochages sociaux, politiques ou autres, et un repli sur une vie privée individuelle de plus en plus consommatrice et hédoniste. Il faudra bien s'interroger sur cette implosion qui nous vaut une société thérapeutique de part en part.

Il en va de même de la logique de l'*intérêt*, comme seul repère de sens, de motivation, d'échange social et économique.

La démocratie laïque et le christianisme ont en commun une dynamique altruiste dont la société actuelle aurait grand besoin pour faire face aux nouveaux défis collectifs qui s'annoncent plus exigeants que ceux d'hier. Pensons aux échéances tragiques des profonds dérèglements des assises de la nature et de la vie.

Le « respect » est affirmé comme valeur principale dans tous les sondages récents. Peut-il y avoir respect quand il n'y a plus grand-chose de sacré. Du coup, c'est marquer la fécondation mutuelle des tâches les plus matérielles et les tâches les plus spirituelles. Cette liaison est très forte dans la tradition judéo-chrétienne.

Encore ici la laïcité et la touche chrétienne ont en commun de contester un spiritualisme désincarné ou sectaire, ou crédule, et un matérialisme sans âme, sans profondeur morale et spirituelle. Elles ont aussi en commun cette conviction : *On ne possède pas la vérité, on a besoin de la vérité des autres*. Dans le contexte géopolitique actuel, la compréhension des autres cultures qui, pour la plupart, intègrent leur propre héritage religieux dans leur identité, exige des Occidentaux laïques une capacité, une volonté de réception du langage religieux et de l'intelligence religieuse. Peuvent-ils s'y prêter sans la culture religieuse du christianisme qui, redisons-le, est une composante importante de leur civilisation et de leur histoire propre ? Le philosophe allemand Habermas soutenait ceci : « Quelles que soient leurs confessions, les fidèles d'une religion doivent accepter que soit laïcisé l'espace commun, comme c'est le cas dans la plupart de nos sociétés occidentales. Mais en retour, quand les citoyens sécularisés assument leur rôle politique, ils n'ont pas le droit de dénier, à des visions religieuses du monde, un potentiel de vérité présent en elles, ni de contester à leurs concitoyens croyants ce droit d'apporter, dans un langage religieux, leur contribution aux débats publics[3].»

Dans nos débats sur la laïcité et la religion, nous sommes tous, chrétiens et non-chrétiens, confrontés à de profondes réinterprétations. Il y a là un terrain commun pour chercher ensemble. Les Européens nous ont précédés à ce chapitre, et cela depuis un bon moment. Des agnostiques parmi eux découvrent dans la mémoire religieuse (juive, chrétienne ou musulmane) de quoi enrichir leur vision du monde, et même «un savoir anthropologique qui attend toujours d'être déchiffré», bien au-delà de la religion, comme notre grand inconscient collectif. La Bible et les Évangiles introduisent aussi dans le monde une vérité purement humaine qui peut contribuer à éclairer nos enjeux actuels et à mieux les assumer. Une posture qui est absente chez plusieurs des intellectuels d'ici.

L'athée André Comte-Sponville tient un autre langage :

J'ai été élevé dans le christianisme. Je dois à cette religion, donc aussi à cette Église (en l'occurrence la catholique), une part essentielle de ce que je suis ou de ce que j'essaie d'être… que serait l'Occident sans le christianisme. Je me reconnais dans une certaine histoire, une certaine tradition, une certaine communauté, et spécialement dans les valeurs gréco-judéo-chrétiennes que sont les nôtres… L'esprit du Christ… la justice et la charité sont toute la loi, il n'est d'autre sagesse que d'aimer, ni d'autre vertu, pour un esprit libre,

---

3. Revue *Esprit*, juillet 2004, p. 5-28.

que de bien faire et se tenir en joie. Faudrait-il, pour être athée, ne pas percevoir la grandeur de ce message-là[1]?

Pour Sponville, il est impensable que le christianisme ne puisse être partie prenante du nouvel humanisme que nous avons à construire ensemble. Cela ne veut pas dire que les Églises et les chrétiens n'ont pas à repenser leur foi dans le contexte historique actuel.

Les chrétiens de chez nous ont eux aussi des blocages qui les empêchent de repenser leur foi et de réinterpréter leur héritage religieux. Fût-ce d'accepter de se laisser interroger par les postures et les critiques des autres. Mais plus grave est la présupposition que le christianisme ne peut être que pertinent ou même évident d'entrée de jeu. Dialoguer, faire route ensemble, se donner un terrain commun, c'est impossible quand, de part et d'autre, on oppose ses évidences. «Nous ne sommes plus au Moyen Âge, a écrit Fernand Dumont, la pensée chrétienne ne dispose d'aucun poste précis dans la hiérarchie des savoirs. Elle est confrontée avec la culture tout entière; et sa pertinence dans la culture, il lui faut la chercher au plus creux, à ses risques et périls[2].»

1. André Comte-Sponville, *L'esprit de l'athéisme*, Paris, Albin Michel, 2006, p. 9-10 et 42-43.
2. Fernand Dumont, *L'institution de la théologie*, Montréal, Fides, 1987, p. 210.

Vers un nouvel humanisme

O N S'INQUIÈTE BEAUCOUP de l'intégrisme et du fondamentalisme religieux. Mais il y a beaucoup d'autres cristalli-
sations... idéologiques et même scientifiques. Et que dire des
conformismes de tous ordres. Dans les recherches récentes
auxquelles j'ai participé, j'ai été frappé par ce que j'appelle
le phénomène de la *bulle*. Ce noyau étroit de certitudes qui
contredit la fameuse formule de la *quête de sens* qu'on suppose
à l'œuvre chez la plupart de nos contemporains. Il y a plus
d'esprits «blindés» et moins d'errants qu'on ne le dit. Qui au
nom d'une mode psychologique, qui au nom de sa place sur
la carte astrologique, qui au nom d'une théorie ésotérique,
qui au nom d'un repère scientifique érigé en absolu, qui au
nom de la croyance qu'on s'est fabriquée, etc.

Encore ici, on trouve un terrain commun aux esprits
laïques et religieux qui ne veulent pas sacrifier leur conscience
et leur pensée critique. J'ai déjà montré comment la démarche
d'interprétation et la confrontation des interprétations ont
été importantes aussi bien dans la Bible que dans l'histoire
profane de l'Occident. Ces deux sources ont permis l'avènement progressif de la conscience libre, de la science, de la
démocratie et d'une capacité de faire histoire, une histoire en
constante évolution et apte à s'assigner des fins et à créer des
ordres révisables. Ces dynamiques étaient déjà à l'œuvre dans

les sources bibliques et chrétiennes: «Dieu créa l'homme et le livra à son propre conseil.» Et Jésus de Nazareth qui disait: «Apprenez à juger par vous-mêmes.» Du coup, c'est marquer l'importance de la raison, de la pensée, de l'interprétation, du discernement, de la liberté d'esprit, de la conscience critique et du constant défi de pertinence culturelle, morale et religieuse. Autant de socles laïques de la pensée chrétienne. C'est ce que j'ai tenté de montrer dans cet ouvrage.

Mais il y a plus au chapitre de la sécularité dans la Bible et les Évangiles, qui ne cessent de nous renvoyer au monde, à l'histoire, aux enjeux humains de justice, d'amour, de liberté, de pardon, et aussi au sens de l'universel humain de toutes cultures et religions, bref au meilleur de nous-mêmes. Avec ce pari d'une bonté plus profonde que le mal. C'est là la première transcendance à inscrire dans la cité humaine; dans ses débats et combats, y compris ses enfers à surmonter. Ce sont là pour nous chrétiens des anticipations du Royaume éternel de Dieu déjà à l'œuvre dans ce primat de l'humanisation. Qui dit humain, dit humus… d'abord Fils de la Terre. Cette Terre que Dieu nous a confiée pour en faire une demeure heureuse où nous sommes confiés les uns aux autres. Comment ne pas se le rappeler au moment où le plus grand enjeu est la survie même de notre planète et de ses précieux trésors: la vie et l'humanité! Avec des échéances irréversibles. L'illusion du *Titanic* insubmersible est une des métaphores les plus pertinentes d'un certain aveuglement fort répandu chez nos contemporains. C'est peut-être là où se loge l'incroyance la plus tragique. Elle n'est pas inédite. Déjà les récits symboliques des dramatiques bibliques de Babel, du Déluge et du désert, de même que ceux de la tragédie grecque qui marquent l'incapacité de gérer la démesure humaine, étaient des signes avant-coureurs du «*to be or not to be?*», à l'horizon de notre monde actuel.

Et oui, la Terre peut devenir une planète morte et l'humanité disparaître. J'en entends ironiser : « On s'en fout, à ce moment là nous serons tous morts.» D'autres se moquent de ce catastrophisme de la peur. Plusieurs refoulent cette éventualité au nom du présent à vivre. Des croyants s'en remettent passivement à la promesse divine de ne jamais abandonner la Terre et l'humanité. Et pourtant, jamais la responsabilité humaine n'a connu une telle radicalité d'enjeu mort-vie, de communauté de destin. À cette aune, nos disputes de credo(s) religieux, d'idéologies laïques apparaissent bien dérisoires. Nous sommes tous conviés à un nouvel humanisme dont une des tâches premières est de contrer la tentation de démissionner (Camus). Cette tâche tiendrait d'une réaction trop peu motivante et créatrice si elle n'était pas arrimée à une autre, celle de construire une nouvelle communauté de destin de la famille humaine. Déjà nos cités de plus en plus cosmopolites, la mondialisation des enjeux, la conscience largement partagée d'une dégradation des assises de la vie peuvent être conçues comme une chance historique de se reprendre en main. Il ne s'agit pas ici d'un utopique consensus universel, d'une négation des identités, d'un super gouvernement mondial, mais d'une posture de base qui, dans toutes les pratiques, même les plus modestes, cherche et met de l'avant le plus viable, le plus raisonnable, le plus réalisable et le plus durable. Ces quatre repères que nos idéologies et utopies ont si peu pris en compte.

D'aucuns me diront que c'est dans l'excès et la démesure que les êtres humains deviennent créateurs. Mais voilà que tant de démesures nous écrasent et nous désespèrent. En Occident surtout, nous avons cru pouvoir tout faire et tout nous permettre. Déjà l'*hubris* et le mythe de Prométhée chez les Grecs anciens anticipaient nos temps modernes. Aujourd'hui, mes nièces et neveux lisent Sénèque, qui leur parle de la finitude humaine après la décadence du grand Empire romain.

Nous aussi, nous avons à renouer avec la finitude humaine, avec le sens de la limite.

Je me demande si les courants religieux à la mode tout autant que les intégrismes actuels ne sont pas un substitut de l'éclatement des grandes promesses laïques, des idéologies politiques, de la croissance économique illimitée, de la technoscience réponse à tout, et du mythe narcissique de la toute-puissance individuelle. Le recours à la religion ou à la spiritualité ou à Dieu lui-même devient alors l'ultime fuite de la finitude humaine. Non pas un retour du passé religieux, mais l'aboutissement de l'hypermodernité et de son mythe majeur : le paradis sur Terre. Un phénomène propre à l'Occident laïque.

Une certaine pensée chrétienne de la résurrection triomphale peut faire partie de cette nouvelle aliénation de la condition humaine et du monde réel. Tout le contraire de la démarche biblique et évangélique qui ne cesse de nous renvoyer au monde réel et aux responsabilités de l'humaniser, comme tâche première. Bien sûr, ce défi a une filiation historique. Au début du christianisme, n'y a-t-il pas eu lutte des chrétiens pour défendre l'humain, l'humanité de Jésus-Christ, signe de l'humanité de Dieu, toute consacrée à la condition humaine et à sa réussite ? Le Dieu de Jésus de Nazareth ne nous sort pas de notre condition humaine, même dans la promesse de son Royaume éternel. Il y a là une requête de rupture avec une pensée chrétienne qui divinise l'être humain. Ce qui est la suprême idolâtrie. Des esprits laïques n'ont pas tort de mettre en cause cette ultime aliénation de la condition humaine. C'est peut-être là qu'il faut une réinterprétation radicale de la foi chrétienne. Réinterprétation qui peut nous amener à un terrain commun avec les esprits laïques et séculiers qui, eux aussi, se battent contre toutes les aliénations antihumaines.

L'apport du christianisme d'aujourd'hui et de demain met de l'avant tous ces tiers qui n'ont que leur condition humaine à mettre dans la balance, et qui ne sont pas inscrits dans les rapports de force entre les détenteurs de l'avoir, du pouvoir et du savoir. Leur sort est le test de vérité et d'humanité de toutes nos politiques et de nos pratiques. Au ras du sol, nous chrétiens, nous sommes en coude à coude avec tous ceux qui, croyants ou incroyants, travaillent à cet objectif et à cette tâche fondamentale. D'où une conception du christianisme non plus comme la référence suprême de la condition humaine, mais comme une médiation parmi d'autres, laïques ou religieuses. Qui dit médiation dit posture de tiers, avec une foi en un Dieu qui se veut un tiers libérateur dans nos rapports humains. De son Royaume transcendant nous ne connaissons que son immanence humaine.

Le plus que nous puissions prétendre, c'est la plausibilité de notre foi. Ce qui nous ouvre à la position plausible de ceux qui veulent aller au bout de leur condition humaine sans religion ou sans Dieu. Avec eux nous pouvons faire un sacré bon bout de chemin.

Pour cela, il nous faut cesser de penser que nous sommes le seul chemin, la seule vérité. Ce monopole tue la liberté de penser, la nôtre et celle des autres.

Plusieurs de nos contemporains qui se démarquent de la foi chrétienne se définissent en termes d'humanisme. Et dans l'Église on se méfie de cette référence qu'on soupçonne être une dilution de la foi et une mise en veilleuse de Dieu, de sa transcendance, de son Royaume qui n'est pas de ce monde. Dans la dernière étape de l'évolution de la pensée chrétienne, pour signifier sa dimension séculière, d'aucuns ont parlé d'humanisme chrétien. Mais en le qualifiant d'humanisme «intégral», on bloquait ainsi le dialogue avec les autres postures humanistes. Il faut le redire encore ici : on ne possède pas la vérité, on a besoin de la vérité des autres.

Il en va de même des nouveaux questionnements sur les requêtes actuelles de transcendance dans un monde de plus en plus clos sur lui-même, un peu comme ces mégalopoles d'extension indéfinie sans noyau de base, sans finalité(s), sans socle commun d'appartenance, sans pôle de référence partagé et respecté par tous. Ce souci du nouvel humanisme contemporain se démarque des transcendances d'hier prédéterminées par leur système de croyances érigé en absolu. L'Église catholique, particulièrement, de par son hypercodification dogmatique de la transcendance, peut difficilement faire route avec ceux pour qui la transcendance tient à la fois d'un chemin à ouvrir sans cesse, d'un horizon à repousser, d'un destin à défataliser, d'une liberté où rien n'est décidé à l'avance, d'un long apprentissage pour apprendre à faire route ensemble[3].

Paradoxalement, ce nouvel humanisme est plus en connivence avec l'Évangile qui rouvre tout ce qui enferme, que ne l'est le système dogmatique de l'Église. Y compris son substrat historique culturel. Ce qui faisait dire à un théologien sri-lankais : « L'Asie ne rejette pas l'Évangile, elle n'entre pas dans le dogme gréco-romain[4]. » Le caractère massif de la remarque ne lui ôte pas toute pertinence. On peut l'appliquer à beaucoup d'autres contextes actuels qui appellent un nouvel humanisme conjugué au pluriel. Celui-ci, au départ, n'a en commun que le questionnement et l'acceptation de faire route ensemble. C'est ainsi que la pensée chrétienne ne peut plus jouer sa carte autoréférentielle, fût-ce au nom de Dieu et de Jésus-Christ, parce que le Dieu de la Bible et des Évangiles se veut universellement partie prenante des multiples chemins culturels, humanistes et religieux, au point de sacrifier Sa transcendance pour se consacrer à celle d'un humanisme universel

3. André Comte-Sponville, *L'Esprit de l'athéisme*, Paris, Albin Michel, 2006.
4. Paul Tihon, « L'Église, les religions et la culture moderne », dans *Nouvelle Revue théologique*, T. 126/n° 3, 2004, p. 444.

qui transcende tout en assumant la diversité polymorphe de la condition humaine avec ses requêtes communes de justice, de liberté et de fraternité. C'est du dedans de cet humus terrestre que Dieu propose gratuitement son Royaume éternel à tout être humain. *Et c'est en Jésus de Nazareth que le projet de Dieu est d'abord et résolument un projet humaniste.* Ce qui comporte, pour nous chrétiens, une double fidélité. Fidélité à tous nos frères humains et fidélité au projet humaniste de Dieu qui se donne tout entier à la réussite de notre humanité commune. Sur cette Terre, on ne pourra prêter flanc à ce contentieux d'hier : « On ne sait jamais quand les chrétiens vont se décrocher de nous. »

Eh oui, même la crise actuelle du christianisme peut inspirer son renouveau. Cela dit, comme religion, le christianisme ne peut plus se penser ni se positionner comme une figure universelle, fût-elle symbolique, de ce qu'est devenu l'humanité historique. Le nouvel humanisme dont il est question ici relève d'une autre matrice commune. À savoir une laïcité. Parmi les grands bienfaits de la laïcité, il y a celui de reconnaître la liberté de croyance ou de non-croyance à tous ; il y a aussi celui d'offrir un terrain commun qui permet aux diverses croyances d'y inscrire leurs propres touches d'humanité, et de délibérer démocratiquement de leur pertinence. Ce qui présuppose et exige un espace public inclusif, une éthique de base et une assise juridique commune, un débat démocratique qui n'exclut personne, et enfin une sphère politique autonome comme instance déterminante. On me dira que c'est là une vision occidentale qui n'est pas forcément universelle. Par exemple, cet humanisme est-il incompatible avec la charia, ce système politicoreligieux théocratique ?

Pourtant, dans un monde de plus en plus pluraliste comme celui d'aujourd'hui, on peut se demander si la laïcité que je viens de décrire n'est pas la seule solution universelle possible. Une solution qui conjugue l'unité et la diversité. Diversité de cultures, de régimes sociaux, de choix de valeurs privilégiées, de croyances religieuses ou autres et de projets politiques. Bref, une matrice commune pour un nouveau vivre ensemble inédit dans l'histoire. J'ai abordé cette question dans un chapitre de cet ouvrage.

Bien sûr, cette assise n'est pas la solution de nos énormes problèmes et défis actuels, sociaux, économiques, politiques, culturels, éthiques et religieux. Mais il serait dommage qu'on n'investisse pas ensemble pour leur donner une base commune d'humanisme. Après tout, n'est-ce pas la référence, le fondement, la transcendance partagés par tous? Le seul universel de sens, d'appartenance, de communauté de destin et de dignité inaliénable.

Pourquoi donc est-il si difficile d'intégrer les finalités humanistes dans les rationalités et les pratiques politiques, socio-économiques, juridiques et même scientifiques? D'où vient donc cette étanchéité entre Droit et Morale, en deçà et par-delà leur distinction? Pourquoi donc parle-t-on si peu de la dignité humaine dans les débats autour de l'hypersexualisation et de la trivialisation médiatiques?

N'y a-t-il pas chosification et déshumanisation quand tout se réduit aux biens de consommation, aux échanges mercantiles, aux rouages bureaucratiques, auxdites «ressources humaines», à l'image narcissique de soi?

Comment peut-on vaincre ces ravalements massifs et quotidiens vers le bas, sans une vigoureuse et lucide conscience humaniste qui s'adresse au meilleur de nous-mêmes?

La condition humaine n'est tout de même pas une abstraction, un vœu pieux. Étrange réaction qui laisse le chemin libre à la logique de marché, à la *realpolitik* du pouvoir pour le pouvoir, de l'avoir pour l'avoir, ou de systèmes dont l'idéologie est leur propre fonctionnement. Qu'en est-il de l'être humain qui vaut par lui-même et pour lui-même? Au nom de qui ou de quoi d'autre allons-nous lutter contre tout ce qui le crucifie, l'instrumentalise ou l'asservit? Nous ne valons pas plus que notre humanisme.

Et pour nous chrétiens, Dieu lui-même en Jésus de Nazareth ne s'est-il pas consacré tout entier à la réussite de l'humanité? N'est-ce pas notre première tâche? «Dieu a tant aimé le monde.»

Épilogue

D ANS LE CONTEXTE d'ici, comme chrétien, j'ai vécu de grandes plages de désert et d'exil, aussi bien comme clerc de l'Église que dans les milieux séculiers où j'ai œuvré. Mais ce ne fut pas des «passages à vide». Au contraire, cela m'a permis d'accueillir la vérité des autres, de mes compagnons de route, agnostiques compris. La plausibilité de leur vérité a donné à ma propre vérité, à ma certitude de foi une plausibilité plus modeste. Avec un je ne sais quoi de complicité souterraine lovée dans les mêmes questions partagées, le même souci d'humanisation, la même finitude à assumer et à dépasser... cette fois, ensemble. Mais ce sont surtout leurs différences de regard et d'âme qui m'ont amené à cette conviction si bien exprimée par Paul Ricœur: «Il y a aussi de la vérité ailleurs que chez soi.»

Bien au-delà des ponctuels accommodements raisonnables, le vivre ensemble réclame de plus profondes et durables altérités patiemment cherchées et construites.

Nouveaux enjeux de l'altérité

Comme jamais peut-être dans l'histoire, l'altérité n'aura été aussi importante à cause de nos sociétés de plus en plus cosmopolites. Mon collègue Raymond Lemieux n'a pas tort d'écrire ceci : « Le conformisme de masse diabolise le tiers, l'étranger, le minorisé ou tout simplement le différent, l'*autre*, pour en faire le bouc émissaire de tragédies historiques subies avec le sentiment de ne rien pouvoir y faire[1]. » L'autre, ici, n'est pas seulement un individu mais aussi des communautés entières, surtout ceux qui sont en position de tiers, hors des rapports de force. Ce souci est une touche importante dans le christianisme. À ce chapitre, le nouvel humanisme a besoin de s'inspirer des grandes traditions culturelles et spirituelles. Par exemple, dans l'Antiquité, la civilisation d'un peuple, d'une société se mesurait à sa conception de l'hospitalité. Celle des grandes civilisations orientales est proverbiale. Aux origines de la nôtre on trouve la même posture. Le philosophe Thomas De Koninck nous le rappelle.

Chez les anciens Grecs, l'hôte reçu, l'étranger est sacré. Platon dira que nos engagements à l'endroit des étrangers sont « les plus saints » (*hagiotata*). En latin, *hospes* désigne l'hôte au sens de celui qui reçoit l'étranger, et *hostis*, l'hôte ou l'étranger envers qui on a des devoirs d'hospitalité. D'où la filiation hôtel, hôpital, Hôtel-Dieu. Jésus de Nazareth va beaucoup plus loin. La dignité du pauvre nous rappelle que quelque chose est dû à l'être humain du seul fait qu'il est humain. Et c'est là une exigence plus vieille que toute formulation philosophique (Paul Ricœur). Si tu n'aimes que les tiens, tu auras la tentation de les faire tiens au sens possessif du terme. La transcendance humaine passe par l'autre. Et en christianisme, cette altérité ouvre sur le Dieu qui promeut tous les êtres humains sans exception.

L'humanisme d'aujourd'hui ne saurait ignorer ces profondes racines morales et spirituelles.

---

1. Raymond Lemieux, « Pour la recomposition politique du lien social », dans *Mutations culturelles et transcendance*, Québec, LTP, 2000, p. 53.

J'ai été souvent frappé par la sécheresse du langage dans bien des travaux des sciences sociales. Un langage qui n'a rien à envier (!) à la logique technobureaucratique. Les références humanistes dont parle Comte-Sponville dans son *Petit traité des grandes vertus* y sont souvent absentes : l'hospitalité, la compassion, la générosité, le don et le pardon. Et même parfois un mépris pour l'humanisme comme tel. N'est-ce pas une des racines spirituelles communes à toutes les cultures, comme le rappellent Charles Taylor, Vaclav Havel et tant d'autres? Tout au plus un humanisme décaféiné, comme dirait Camus.

Combien plus signifiantes et inspirantes sont des références comme celle du sens de l'hospitalité. Dans notre désarroi face à la dégradation des assises de la vie, ce serait déjà beaucoup de se percevoir comme les hôtes de la Terre. Ce qui nous aiderait à mieux comprendre que l'homme n'a pas un pouvoir absolu sur la nature. Après avoir décrété la mort de Dieu, fallait-il se prétendre Dieu soi-même? Je préfère ma foi chrétienne : Dieu qui ne se substitue pas à l'homme et l'homme qui ne se substitue pas à Dieu. Nous sommes livrés à notre entière responsabilité dans les limites de notre finitude humaine. Cette responsabilité se joue au quotidien.

Jacques T. Godbout a souligné certaines dérives du meilleur de nos réformes sociales modernes. Combien de citoyens, dit-il, renvoient à l'État leurs responsabilités concrètes de soutenir et d'intégrer les pauvres de leur milieu de vie. «Je pais mes impôts pour cela.» Point à la ligne! Ce discours, on le trouve aussi bien à gauche qu'à droite. Il y a bien des façons de dresser des barrières entre les bien-portants et les mal-portants. Étrange contradiction entre le discours politique et la responsabilité sociale de l'individu. L'idéologie néolibérale n'est pas seulement le fait des grands pouvoirs économiques. Elle est largement répandue. On parle si peu de cela dans les débats politiques et idéologiques.

J'ouvre ici une parenthèse. J'entends bien des critiques sur le personnalisme chrétien de ceux qui, chez nous, ont fait les réformes sociales de la Révolution tranquille. Une idéologie complètement dépassée, dit-on. On pourrait souhaiter que ces nouveaux censeurs fassent un retour critique sur eux-mêmes. Sans l'ancrage dans la concrétude de chaque individu, la dignité et le respect inconditionnel de la personne dégénèrent en moralisme qui s'ignore comme tel et en rectitude politique qui censure les autres hors de sa catégorie sociale, ou en réduction de l'individu à sa dimension biologique, sexuelle, économique ou ethnico-culturelle.

Qu'il s'agisse de communauté de destin, de société qui se donne des idéaux respectés de tous, je ne vois pas comment on peut y parvenir sans cette composante essentielle de la transcendance de la personne humaine. Celle-ci se joue au plus concret de nos rapports quotidiens et contribue à donner au lien social et au bien public plus de hauteur et de profondeur humaniste. À titre d'exemple, j'ai connu des militants de la justice qui se comportaient comme des mufles avec leurs proches, surtout ceux qui ne s'alignaient pas sur leur idéologie.

Mais c'est en termes d'éthique que le nouvel humanisme rencontre ses plus profonds défis.

En dépit des graves problèmes actuels et des critiques qu'ils provoquent, d'aucuns maintiennent encore le cap sur les grandes promesses de la modernité : croissance économique illimitée, libéralisation des mœurs sans limites, comme sur le *Titanic* que l'on croyait insubmersible. La société spectacle devient un écran aveuglant. Il y a là un certain optimisme qui devient lâcheté, quand il se cache à lui-même la misère des autres, la souffrance des autres. On trouve cette attitude dans la cohorte des «prospères». Ce n'est pas le cas de tous, bien sûr. La figure emblématique la plus effarante, peut-être, est celle des revenus des grands PDG qui gagnent des centaines de fois plus que leurs employés. La concentration de la richesse a pris une ampleur exponentielle. Le nouvel humanisme ne pourra élaborer démocratiquement des «raisons communes» sans que se répande l'obsession de la justice.

Le travail a été, pendant longtemps, un important lieu du lien social, de l'identité, de l'appartenance, de la solidarité et de l'inscription dans la société, sans compter ses valeurs personnelles d'estime de soi et d'accomplissement. La déshumanisation du travail a pris de nombreuses formes. Ce n'est pas un problème isolé, puisqu'il concerne l'ensemble de la société (bien au-delà de la grave tragédie du chômage), la vie au quotidien, la dignité humaine. Le pôle résidentiel est conservateur, alors que le pôle du travail est davantage au cœur des grands enjeux socioéconomiques et politiques. Si le travail cesse d'être un lieu social de sens, il perd sa dynamique sociétaire et politique, tout en provoquant un repli sur la vie privée. On fera la critique qu'on voudra du syndicalisme, il reste que la crise de celui-ci a d'énormes conséquences pour les travailleurs eux-mêmes au quotidien comme au plan politique, pour le soutien de l'immense cohorte des retraités, pour la viabilité des familles, pour les transmissions aux générations qui nous suivent, et plus largement, pour les choix de société. Voyons-en quelques exemples.

Quel message lance-t-on au monde du travail, quand de grandes entreprises même solides financièrement licencient des milliers d'employés pour assurer le maximum de profit aux investisseurs? Au Canada et aux États-Unis, plusieurs employeurs ont même introduit une double échelle salariale modulée, dans la plupart des cas, selon la date d'entrée en fonction de l'employé. Ce sont souvent de jeunes travailleurs qui font les frais de telles mesures. Les dernières statistiques sur les conditions d'emploi et de revenu révèlent une mobilité descendante chez une très large cohorte de travailleurs, particulièrement dans les jeunes générations. C'est la première fois que ce phénomène arrive, depuis la Deuxième Guerre mondiale. Beaucoup d'analystes et de citoyens nantis nient cette tendance lourde fort bien étayée factuellement par les instituts de statistique. Craint-on qu'il n'y ait là le ferment de possibles révoltes sociales? Où est-ce encore la croyance au mythe de la croissance économique illimitée, malgré quelques récessions de passage? Pour le moment, l'inquiétude des jeunes générations face à leur avenir, face au déséquilibre démographique, face aux futures pensions de retraite menacées, face aux dettes publiques, cette inquiétude reste souterraine. Ce qui me turlupine le plus, c'est le refus des «prospères» d'aujourd'hui qui écartent même l'examen de cette éventualité, de cette possibilité. Toujours le même aveuglement des passagers sur le *Titanic* jugé insubmersible.

Une large partie du monde du travail vit des conditions d'emploi et de revenu à la baisse, dans l'insécurité, la précarité. On me dira que la scolarisation plus répandue et plus poussée est la première et la plus importante solution à promouvoir. Comme éducateur, je partage cette conviction. Mais une telle priorité ne peut se réaliser si la base sociale est déstructurée de multiples façons, et en particulier si le monde du travail est de plus en plus déraciné du lien social. L'économie sociale ne peut résoudre à elle seule pareil défi. Et ces tensions entre famille et travail ne sont qu'un des nombreux problèmes de cet ordre.

Je ne suis pas sûr qu'on ait pris la mesure de cet enjeu qui a d'énormes impacts en santé physique, mentale et morale, laquelle occupe tout l'avant-scène des débats publics et politiques. Je rugis quand j'entends des utopistes qui parlent d'une nouvelle civilisation marquée par la fin du travail! Ou d'autres qui soutiennent que la prochaine grande cohorte des retraités se suffira à elle-même financièrement et socialement, sans le monde des «actifs», sans de nouvelles solidarités de société.

Combien d'entre eux vont vieillir seuls et mourir seuls? Un phénomène qui commence à peine.

Question de volonté politique, me dira-t-on. Raison de plus pour sonder la qualité de l'humanisme et de la force d'âme qui la sous-tendent. Il serait souhaitable que les sociétés sécularisées et laïques donnent à leur nouvel humanisme plus de profondeur morale et spirituelle. Et comme chrétien, je pense que nous pouvons y contribuer en toute liberté de part et d'autre.

Apports possibles du christianisme

S'agit-il de conscience critique partagée, je pressens que d'autres, d'une façon différente de la mienne, sont confrontés à une foi «malgré». Foi en l'humanité malgré l'humanité; et pour le croyant d'aujourd'hui, foi en l'expérience religieuse malgré la religion, et en Dieu malgré Dieu. Et je me dis que peut-être, c'est maintenant que commence une vraie foi, qu'elle soit humaine, religieuse ou séculière, y compris chrétienne.

Cela dit, sans discréditer la foi d'hier. Mais aujourd'hui nous ne pouvons plus marcher à l'évidence. On pourrait appliquer à bien des consciences laïques, ce que Paul Ricœur dit à ses frères chrétiens: «À trop parier sur des certitudes bétonnées, on avoue finalement qu'on a peur de porter à mains nues comme un levain cette parole fragile de l'Évangile.» Cela vaut aussi pour nos paroles humaines les plus engagées, politiques ou autres, de plus en plus fragiles, un peu comme notre planète Terre plus menacée que jamais.

La foi chrétienne, elle aussi, aujourd'hui, se fonde plus que jamais sur un pari. Non seulement un pari sur Dieu et sa figure humaine en Jésus de Nazareth, mais aussi un pari sur l'homme et ce qui le travaille comme en creux d'espérance contre toute espérance. Je pense ici au testament spirituel de

Fernand Dumont: «Alors que la tendresse de la terre m'est plus chère que jamais, l'heure me semble venue, pressé par le temps, de redire mon pari... pas plus que les autres, le chrétien ne tranche ce pari une fois pour toutes. Puisque bien loin d'achever un engagement, ce pari le commence[2].» Ce pari n'est pas celui de Pascal, trop relié à la logique des probabilités. Ce pari tient de l'interprétation, de l'intelligence des symboles, d'une lecture particulière de l'histoire, d'une démarche qui vise à comprendre plus qu'à expliquer[3]. «Et vous, qui dites-vous que je suis?», demandait Jésus de Nazareth à ses disciples, tout en les invitant à juger par eux-mêmes. En christianisme, la foi-interprétation s'articule à la foi-don, comme une révélation du sens auquel on décide d'adhérer librement. Mais déjà l'Ancien Testament biblique raconte aussi cela tout au long de son parcours. Dans la perspective humaniste de cet ouvrage, la foi chrétienne est une des voies offertes à la conscience en quête de sens et travaillée par la transcendance. Donc en tout être humain religieux ou pas.

La foi n'est jamais une expérience isolée et indépendante d'une culture et d'une histoire qui fournissent leurs références et leurs mots, même aux recherches individuelles les plus neuves.

J'ai traversé ma vie d'adulte un pied dans le monde séculier et un pied dans le monde religieux; j'étais parfois aussi peu crédible dans le second que dans le premier. Étonnamment, je n'ai jamais été malheureux de ma situation ambiguë de clerc, tellement j'avais à cœur, d'abord et avant tout, les défis de ma société et ceux de mon Église. J'étais «trop peu» en regard de cette passionnante aventure que j'ai toujours vécue avec d'autres dans de nombreux projets collectifs.

2. Fernand Dumont, *Une foi partagée*, Montréal, Bellarmin, 1996, p. 35-53, 300 et 301.

3. Pierre Lucier, «Fernand Dumont: La foi, comme héritage et projet», dans *Mutations culturelles et transcendance*, Québec, LTP, 2000, p. 218-219.

La radicalité des enjeux humains et séculiers actuels me convainc qu'on ne saurait renouveler la foi chrétienne sans être partie prenante de ces enjeux, en coude à coude et modestement, avec tous ceux qui y travaillent. Mais je porte aussi la conviction que nos longues filiations historiques communes peuvent aussi éclairer nos chemins d'avenir à ouvrir.

Mais il serait dommage qu'on réduise la référence humaniste à un vague à l'âme abstrait et pieux, alors que s'y logent les ressorts les plus profonds de dépassement dont témoignent toute l'histoire humaine et notre propre histoire de résilience.

Comme chrétien, je suis à l'aise avec cette primauté. N'est-ce pas la carte maîtresse que Dieu a jouée en Jésus de Nazareth? Son projet et sa promesse de rassembler toute la famille humaine dans son Royaume éternel sont, pour nous chrétiens, un horizon de foi qui nous motive davantage à y travailler dans nos tâches terrestres avec un profond amour du monde et de notre humanité.

Des incroyants comme des croyants s'inquiètent d'un monde clos sur lui-même, sans brèche dans la finitude humaine. Les uns et les autres contestent la tentation nihiliste, fataliste (l'être humain un instant entre deux néants). Transmettre un tel *non-espoir* aux générations qui nous suivent est le pire héritage à leur léguer. Étrange encerclement après avoir discrédité toutes les réponses religieuses ou autres, y compris les questions de sens chez les humains d'hier et d'aujourd'hui. Je le redis, il n'y a que quelques intellectuels qui sont enchantés du désenchantement du monde. Mais plus largement, on peut se demander si la culture narcissique dont nous sommes saturés n'amène pas l'individu à considérer pratiquement qu'il n'y a rien après lui-même. Là aussi, il y a une posture nihiliste qui assèche le goût de donner la vie et la volonté de s'engager dans des tâches qui préparent l'avenir de ceux qui nous suivent. Ce grave problème est aussi politique que spirituel. C'est un antihumanisme.

Le christianisme, comme un des lieux de sens, peut être disponible pour les symboles où l'homme s'inscrit et où il parle de sa condition, où même la conscience de ses limites se déploie par rapport à l'illimité, à ce que Dumont appelle la transcendance. Pour nous chrétiens, l'autonomie de l'homme moderne est plus près du Dieu autonome qui nous offre gratuitement une alliance de plain-pied avec lui, que ne l'est un certain héritage religieux et chrétien. N'a-t-il pas livré l'homme à son propre conseil (Si 15,14), à sa liberté, à sa délibération, à son action, à l'intendance de sa Cité?

Dans *Le sort de la culture*, Dumont écrit :

> Une civilisation s'évalue à sa faculté de permettre aux hommes qui s'y rassemblent, de chercher dans des conflits et des dialogues ouvertement manifestés, le sens de leur vie en commun. Pour cela, elle est forcée d'entrevoir un espace plus vaste qu'elle-même. Un espace d'où on conçoive quelque transcendance. Cela aussi peut être un trait du nouvel humanisme à développer. Mais il y a un autre lieu de constitution de celui-ci[4].

Bien des consciences d'aujourd'hui s'éveillent à la dimension éthique de la vie, du lien social, de la politique et de l'économie. L'univers religieux lui-même est objet de questionnement et de critique d'ordre éthique. C'est un signe des temps prometteur, un fort incitatif à l'engagement, une dynamique spirituelle. S'y love le souci plus positif de libérer le fond de bonté de l'être humain. Ce pari humaniste croit que la bonté est plus profonde que le mal. Encore ici, un certain héritage chrétien encore vivace devrait être réinterprété, car cette veine est pourtant présente dans la Bible et les Évangiles.

---

4. Fernand Dumont, *Le sort de la culture*, Montréal, L'Hexagone, 1987, p. 187.

Nous aussi les chrétiens, nous avons à réviser bien des choses pour nous inscrire au meilleur du nouvel humanisme.

Qu'il s'agisse de dialogue ou de tâches communes, qu'on soit d'esprit laïque ou d'esprit religieux, il nous faut consentir à devenir *autre(s)*. En cours de route ou au bout du chemin. Ce nouvel humanisme est moins une donnée de départ qu'une communauté de destin à construire en ce tournant historique où se joue le sort de la Terre et de l'humanité entière. N'y a-t-il pas déjà eu dans l'histoire d'étonnants rebondissements des profonds ressorts de l'âme humaine !

Un défi commun

Je pense que le nouvel humanisme a beaucoup à voir avec un renouvellement critique et dynamique de nos rapports au temps, à la temporalité. Soulignons d'abord la contradiction de l'hypermodernité, d'une part toujours marquée par la visée de l'avenir à construire, et d'autre part, tout investie dans des pratiques de court terme.

Efficacité, profit et intérêt immédiats ; produits vite obsolètes et consommation au gré des modes du jour ; politique de budgets trimestriels ; liens humains provisoires et engagements ponctuels ; éducation et religion à la carte ; retraite le plus tôt possible comme horizon de bonheur, symbole de tous les autres décrochages ; raccourcis juridiques pour éviter les nécessaires débats de fond ; heure de gloire à la télé, et vedette d'un jour. On ne compte plus ces raccourcis de l'aventure humaine individuelle et collective. Cette contraction du temps raccourcit la liberté et la justice, l'engagement, le lien social et le politique.

Il nous faut pouvoir consentir, accepter, choisir, *mais à tout moment*, autrement on ne serait pas tout à fait libre. Cette liberté absolue de constamment consentir peut mener à un abandon de tout ce qui pourrait durer et abolit en même temps le concept de promesse et d'engagement. Dans l'espace public, politique, publicitaire, médiatique, les sondages incessants sont le pouls même de cet empire du consentement provisoire. On prête son accord jusqu'à nouvel ordre. Même les promesses électorales de quatre ans n'ont plus de sens... On vante même le gouvernement minoritaire qui permet de penser qu'à tout moment il est possible de se désengager. Ainsi la société n'est plus un tout qui réunit mais une somme de volontés individuelles provisoires qui restreignent même le rapport à l'autre. Pour faire communauté ou société, il faut du temps, du sens, du projet durable, de l'histoire, des luttes communes soutenues. L'appartenance n'est pas un vêtement léger que l'on peut prendre et déposer à volonté. Dans un tel contexte, même l'idée de projet collectif devient obsolète. Et l'on réduit la démocratie à un pur moyen de communication ou à une procédure. Changer celle-ci ne change rien aux problèmes que je viens de souligner[5].

Ces contractions dans la foulée de celle du temps ont des conséquences encore plus redoutables.

Car voici que les enjeux les plus cruciaux tiennent du long terme, tels l'environnement, la longévité accrue, l'incessant report des dettes publiques, les inégalités croissantes, la crise des apprentissages soutenus en éducation et les exigences d'une scolarité plus poussée, les longs processus de transactions, de métissage, d'assises communes dans la société pluraliste et la cité cosmopolite, la lente maturation des valeurs fortes et de durée.

D'aucuns misent uniquement sur la citoyenneté et la démocratie. Mais celles-ci sont tributaires de bien d'autres choses qu'elles-mêmes, leur éthique comprise. La conscience, la culture, la conscience historique, les profonds ressorts spirituels de l'âme humaine débordent l'initiation circonscrite au civisme sur lequel on semble tout miser.

5. Je me suis inspiré ici de Pierre Manent et du remarquable article d'Annie-Claude Thériault dans Le Devoir, 14 avril 2007, p. B6.

À titre d'exemple, je pense à ma propre société, et particulièrement au peuple auquel j'appartiens. Nous sommes une petite communauté historique en Amérique du Nord, fragile, en constant défi de survivance, qui a traversé quatre siècles avec une étonnante résilience. Elle a rompu avec son passé. Elle a réussi de nouveaux chantiers dans la modernité. Puis, elle s'est repliée sur des pratiques de court terme. En amont un passé jugé honteux et en aval une désespérance face à son propre avenir, sans se rendre compte ou avouer qu'il y a possiblement des liens mortifères entre ces deux creux qui minent la durabilité du meilleur de ses initiatives modernes.

Aux yeux de plusieurs d'entre nous, même l'interrogation sur ces enjeux de long terme en amont et en aval relève d'un conservatisme éculé. Mais se pourrait-il que l'on assiste présentement à une vague de fond qui veut renouer avec un socle référentiel de long terme et des postures de base correspondantes?

Dans la mouvance politique et culturelle récente, certains se demandent s'il n'y a pas là une volonté de ré-enracinement dans l'histoire. D'autres parlent de repères qui permettent de mieux s'inscrire dans le temps: suites et transmissions entre générations, familles constituées de fratrie; revalorisation du sens de l'institution, développement durable; recomposition des liens entre pôles urbains et régions, laïcité ouverte aux traditions éprouvées y compris religieuses, qui historiquement ont été porteuses d'expériences et d'intelligence du long terme et de fortes identités (Marcel Gauchet n'y voit aucune menace de l'autonomie de l'État et des institutions publiques).

Voilà autant de traits à mieux intégrer au meilleur des valeurs laïques de la modernité. Cette recomposition est une autre façon de penser le nouvel humanisme.

Des esprits critiques me diront que dans l'état actuel des choses, c'est là une vision d'avenir utopiste. D'aucuns, médias en tête, y verront soit un recul, soit une menace à leur certitude, à leur vérité. J'ose espérer qu'ils accepteront d'examiner ce quelque chose d'autre qui est en train d'émerger, différent de leur copie conforme. Pour en faire état, je vais essayer de repérer les nouveaux chemins de conscience qui sont souvent les signes avant-coureurs de mutations profondes qui retentissent dans la société, comme l'histoire nous l'enseigne. Ces mouvements plus ou moins souterrains empruntent parfois des voies déconcertantes, comme c'est le cas dans le contexte actuel.

Les critères politiques convenus ne peuvent suffire pour rendre compte de ce qui se passe dans le champ des consciences. Je vais évoquer ici un phénomène social de plus en plus répandu, celui de *l'individu pluriel qui vit, en tension, plusieurs références valorielles et identitaires. Qu'il s'agisse de politique, de morale, de religion, de droit ou même d'éducation.*

La conscience oscille entre la dynamique de changement et les valeurs de continuité, entre la permissivité et l'autorité, entre le cœur et le portefeuille, entre le moi d'abord et le souci des autres, entre la croyance et l'incroyance, entre la fibre nationaliste et l'acceptation du pluralisme, entre les intérêts immédiats et le bien commun qui les limite.

En fond de scène une société à la fois de plus en plus complexe, fragile et impuissante à la source de plusieurs insécurités personnelles sans tissu social pour les assumer. Voyons-en un exemple typique d'introjection dans la conscience, de ces nombreux déficits collectifs :

> Il est difficile d'être optimiste et confiant quand on ne voit pas le bout de l'échec de notre système de santé, quand il y a de plus en plus d'usines qui ferment leurs portes, quand beaucoup de gens même des classes moyennes prennent une débarque, quand l'État n'a presque plus de marge de manœuvre, quand les médias virent de plus en plus au «gros fun» qui nous fait rire jaune. *On est de plus en plus nombreux à désespérer de notre société.* Et l'on a le culot de nous traiter de droitistes, aux idées simplistes et rétrogrades. La

société spectacle et la politique spectacle survolent allègrement ce
que nous, nous considérons comme une fuite de la situation réelle.
On ne peut pas surmonter cet échec, si on le nie comme tel...
comme si les prétendus progressistes n'avaient rien à apprendre
de cette révolte morale dans une grande partie de la population.
On ne peut rien construire avec cette mentalité qui justifie à peu
près n'importe quoi, toujours au nom du progressisme. « Propos
stériles », me direz-vous. Vos stérilités sont autrement plus réelles.
À partir de quoi allez-vous les vaincre ? Nous plaidons pour un sol
plus ferme, comme première base pour nous reprendre tous en
main. C'est le ventre mou qui n'a pas d'avenir. Nous ne sommes
pas en arrière de vous, mais en avant.

Ces propos étonnants chez un homme de trente-sept ans
ne peuvent tenir lieu de politique, ni du nouvel humanisme
que j'ai tenté d'esquisser dans cet ouvrage avec les inévitables
limites de ma parole singulière. Mais ne sommes-nous pas,
tous et chacun, confrontés au monde dans lequel nous vivons,
à l'éducation que nous voulons transmettre aux générations
qui nous suivent, à l'humanisme qui nous définit, au sens et à
l'âme qu'on veut y mettre ? Avec le même défi de contribuer
au façonnement d'un socle référentiel commun pour le vivre
et l'agir ensemble. Il n'y a là aucun programme politique, ni
un quelconque absolu qui s'y cache. Je sais trop bien qu'on
avance pas à pas. Et que l'on trouve de la vérité ailleurs que
chez soi.

Il faut bien admettre qu'en bien des domaines on est
parvenu à des limites critiques qui réclament une opération-
vérité qui nous concerne tous. Personne n'a la ou les solutions
en poche. Mais ce qui est à la portée de chacun, c'est de bien
identifier, fonder et vivre l'humanisme qui nous anime dans
notre participation à la société. La qualité de notre démocratie, de ses débats et de ses combats en dépend pour une
bonne part.

Et qui sait, ce souci humaniste nous permettra peut-être de redonner priorité aux finalités et aux contenus de sens sur la logique procédurale et la raison instrumentale qui ont fait de nos institutions de purs appareils dont l'idéologie est leur fonctionnement, comme le dit si bien Habermas. Cela vaut pour le mythe du « marché » comme régulateur universel de tous les échanges humains.

À ce chapitre, la modernité a des démarches de déshumanisation plus subtiles que celles d'hier. L'humanisme n'est pas une vieille « affaire du passé ». Il est à renouveler à chaque époque pour raviver ses rôles libérateurs et civilisateurs. Mais ce serait dommage et même illusoire de penser qu'on peut les réinventer sans les riches patrimoines culturels et religieux de l'histoire. J'entends encore ces cris de jeunes cégépiens qui disaient : « Nous sommes fils de qui, de quoi au juste ? » Et : « Il y a quoi après tous ces post... postreligieux, postindustriel, postmoderne ? »

Au risque de profondes réinterprétations

À chaque tournant de l'histoire, la Bible et le long cheminement du christianisme ont été marqués par des réinterprétations. Il en fut de même de l'itinéraire des humanismes en Occident. Nous vivons aujourd'hui le même défi avec des inédits de plusieurs ordres : culturels, technoscientifiques, politiques et religieux. Certes, ce serait une illusion de penser que ces inédits n'ont rien à voir avec la grande histoire qui nous a précédés. Par exemple, ce n'est pas d'aujourd'hui qu'on vit et réfléchit sur la démesure humaine qui nous inquiète de plus en plus. La Bible et la tragédie grecque se sont interrogées sur la difficulté de gérer la démesure humaine. Nos savants contemporains ont souligné la part importante de la responsabilité humaine dans l'accélération de la dégradation des assises de la vie sur la planète.

Dès ses premières pages, la Bible a posé le problème des rapports entre la responsabilité humaine et la démesure. De même les grands mythes au début de l'histoire occidentale. Prophétie qui arrache aux dieux et contre eux les secrets de l'Univers et la dynamique humaine, tout en sombrant dans la démesure inaccessible de celle-ci. N'est-ce pas aussi notre drame contemporain? Jean-Paul Audet, exégète de la Bible, tire de cette dramatique une réinterprétation critique du christianisme des derniers siècles et de son rapport au monde.

D'un côté, nous vivons la nature dans une conscience prométhéenne; de l'autre, nous essayons, malgré tout, de vivre la rédemption dans une conscience chrétienne. D'un côté, la revendication; de l'autre, le don. C'est comme si nous en étions venus à penser que la totalité du don de Dieu se trouvait du côté de la rédemption.

Que voulez-vous qu'il reste, après cela, pour la nature, ou pour l'Univers, sinon, précisément, la revendication? De la revendication à la révolte, il n'y a qu'un pas. C'est la situation prométhéenne. De là ce type de culture qui éprouve le sentiment d'«arracher» à l'Univers ses «secrets», de «forcer» la nature à livrer un à un les biens de l'espérance humaine. Notez ce vocabulaire, qui est celui que nous employons couramment: il est celui du drame et de la violence. Il se retrouve, terme pour terme, dans le mythe de Prométhée, dont il ne fait que traduire le ressort profond. Une culture qui se développe dans ce climat de revendication peut-elle voir dans son progrès autre chose qu'une victoire sur Dieu?

Je l'ai dit et je le répète: nous avons essayé de vivre le don de la rédemption sans beaucoup prendre garde qu'il fallait vivre en même temps le don premier de la Création. Le résultat, c'est que la Création s'est peu à peu muée pour nous en «nature» et en «Univers», livrés à la revendication prométhéenne. Voyez notre liturgie: elle est un excellent témoin. Observez bien, mesurez la place qu'y occupe la Création. Vous constaterez bientôt que notre liturgie est, presque entièrement, une liturgie de la rédemption, comme si toute l'espérance de l'homme et tout le don de Dieu se trouvaient enfermés là. Notre conscience chrétienne peut se regarder dans cette liturgie comme un miroir[6].

6. Jean-Paul Audet, *Demain l'homme*, Lyon, Éd. du Chalet, 1967, p. 146-147.

Jean-Paul Audet formule ici une réinterprétation séculière, laïque, de la pensée chrétienne et une désoccultation de ce qui a miné plus ou moins souterrainement cette sécularité. «De ce point de vue, il est clair, entre autres, que la conscience obsessive du péché, le profond sentiment d'insécurité (et de surculpabilité) répandu dans la vie par une telle conscience et la préoccupation constante, dès lors, de faire le compte exact du mérite et du démérite, ne constituent pas des facteurs d'ouverture de l'espérance chrétienne. On n'a jamais trop de temps, dans ces conditions, pour apaiser ses craintes et pour songer à sauver son âme[7].»

Le péché originel a été la clé de voûte du système chrétien durant des siècles, laissant un tel arrière-goût que la plus nécessaire et la plus authentique saveur du monde a été presque abolie. Le concile Vatican II a timidement fait une brèche dans cette vision pessimiste du monde. Vingt ans plus tard, un synode romain ne retenait du monde moderne que ce qui reste de sacré en lui! De quoi miner les rapports entre l'Église et le monde, entre l'espérance chrétienne et nos espoirs humains. Alors qu'il nous appartient de travailler modestement, avec tous les humains de bonne volonté, au rassemblement de nos meilleurs espoirs et aux tâches de justice et de liberté, et surtout, à la réalisation de l'unité foncière de la famille humaine dans l'universalité du dessein de Dieu. Paradoxalement, malgré nos profondes divisions planétaires, nous n'avons peut-être jamais été aussi près de cette communauté universelle de destin. Nous, chrétiens, sommes trop souvent pressés d'enjamber les échecs de l'histoire, comme si la «vie éternelle» pouvait être un simple refuge contre ces intempéries.

Pourtant, l'histoire du christianisme nous révèle que ses temps les plus féconds ont été ceux du croisement entre

7. *Ibid.*, p. 156.

les nouveaux défis du monde et une espérance chrétienne entreprenante. Du point de vue de l'espérance chrétienne, le messager, c'est la Terre, c'est l'amour, c'est le pain de chaque jour, ces la justice et la fraternité, c'est l'art et la science, bref, ces médiations séculières qui constituent notre être au monde. Ce monde humain auquel le Dieu de Jésus s'est consacré totalement, tout en lui proposant gratuitement sa vie éternelle, d'ailleurs déjà commencée en ce monde partout où il y a de l'humain à promouvoir, à libérer, à sauver.

Le Nouveau Testament, quand il est pensé sans l'Ancien, se prête à des visions manichéennes entre le monde et le salut de Dieu, entre le spirituel et le temporel, l'esprit et la chair, le divin et l'humain. Dans les milieux d'Église, on s'interroge peu sur les causes profondes des rejets que celle-ci a provoqué dans le monde moderne. Encore ici, Jean-Paul Audet évoque la Bible.

Bien comprise, cependant, la tradition religieuse d'Israël, dont nous sommes également les héritiers, aurait pu nous orienter dans une autre direction. Nous ne sommes pas loin de penser, encore aujourd'hui, que ce qu'il y a de plus original en elle, c'est une certaine conception du sacré. Je crois qu'il ne serait pas trop difficile de montrer que c'est, au contraire, une certaine conception du profane. C'est, en effet, une perception de la grandeur du Dieu unique qui, en Israël, a posé le principe du libre usage de la Création. Le Dieu grand et admirable n'a besoin de rien ; il ne se réserve rien de ce qui peut faire l'espérance des hommes ; il ignore la sorte de jalousie qui est le ferment de la revendication prométhéenne. Il crée : ce qu'il fait est bon, très bon ; la Terre, avec toutes ses ressources et toutes ses merveilles, il l'a vraiment «donnée» à l'homme, pour qu'elle lui soit une demeure habitable.

Sans cette source originelle de la Création de Dieu, on appauvrit le sens de son incarnation, de son amour pour l'humanité et pour le monde. Amour qui ne se réduit pas à son sens salvifique. Pendant très longtemps dans mon itinéraire chrétien, je me suis demandé pourquoi l'on était tant obsédé dans l'Église par le péché, et surtout le péché de la chair. Au point que pour mes contemporains «laïques», la tradition judéo-chrétienne se résume à une surculpabilisation. Alors que le pari chrétien, redisons le, est cette conviction que la bonté est plus profonde que le mal et que la démarche décisive du Dieu de la Bible et des Évangiles est de libérer le fond de bonté qu'il a planté dans le cœur humain dès les débuts de sa création. Ce qu'exprimaient nos ancêtres croyants en parlant du *bon Dieu*. Et si c'était cela le spécifique du christianisme face à l'obsession du mal qui a hanté les consciences depuis le fond des âges au point d'en faire la donnée de base de la condition humaine. Que le christianisme soit qualifié de lieu obsessif du péché et du mal, avec la menace de l'enfer éternel en prime, il y a de quoi se révolter si tant est que le pari premier de Dieu est tout autre.

Bien sûr, on m'objectera que la libération du mal, de l'injustice et de la haine est la première mouvance de la conscience, de la politique et de l'expérience religieuse, et que le salut de Dieu s'initie dans cette foulée. On me fera remarquer aussi que la banalisation du mal et la perte du sens du péché ont des effets pervers aujourd'hui. Mais au nom de quoi allons-nous surmonter ces déficits, sans cette foi-espérance première et dernière en la bonté humaine et celle de Dieu. Il y va même de l'option évangélique pour les pauvres, si l'on ne les définit et ne leur donne qu'une image misérabiliste d'eux-mêmes. Et si on ne qualifie Dieu que dans des termes d'impuissance, comme on le fait dans la théologie savante depuis un bon moment. Il me semble qu'il y a là une requête importante de réinterprétation radicale de la pensée chrétienne. Il y a aussi un je ne sais quoi de tordu dans un certain humanisme contemporain qui désespère de l'humanité : après la mort de Dieu, la mort de l'homme. Et dire que cela se passe dans les milieux les mieux nantis de la Terre !

Je sais que ces réinterprétations sont «matière à débat». Je ne parle pas ici de l'utopie de l'homme tout-puissant, et du Dieu tout-puissant qui écrase davantage la finitude humaine. Mais le balancement à ces deux extrêmes de la puissance et de l'impuissance sont tout autant hors du réel et des tâches qu'il appelle que du compagnonnage de Dieu avec l'humanité. Cela aussi fait partie d'une pensée chrétienne plus inspirante et d'un humanisme plus en santé.

Annexe I

Des postures antihumanistes

D ANS CET OUVRAGE, j'ai souligné au passage certains blocages (apories) de la conscience contemporaine. Il est nécessaire d'y revenir parce qu'on y trouve ce que j'ai appelé un autoaveuglement. Je m'inspire ici de notre recherche sur les orientations sociales et culturelles actuelles.

L'esprit blindé

La plupart des gens se disent d'esprit ouvert, «progressiste», sans préjugés et en constante évolution. Cette posture peut s'accompagner de quête de sens, de questionnements chez plusieurs. Mais quelle ne fut pas notre surprise de constater certains enfermements plus ou moins souterrains inavoués, sinon impensés. Comme si on s'était fabriqué un petit noyau dur de certitudes qui ne souffrait aucune remise en cause, aucune distance critique. Qu'il s'agisse de politique, de morale ou de religion. Ce noyau dur de certitudes est implicitement constitutif d'un moi souverain qui marginalise toute véritable altérité. L'impératif quasi absolu de n'agréer que «ce qui me ressemble», pour employer l'expression la plus répandue, en est la figure manifeste. D'où une perpétuelle insatisfaction de l'autre et des autres, même en amour. Insatisfaction aussi de tout ce qui est hors de soi et qui ne «me ressemble pas». Et l'on se retrouve coincé entre deux contraintes (*double bind*).

Ce que Simone Weil appelle «l'égarement des contraires» : la certitude à soi qui s'impose comme un absolu, et l'autre qui l'empêche de l'atteindre. Ce cercle vicieux se boucle dans la conviction de ne plus chercher, parce qu'on a trouvé. Comme cet homme qui me disait : «Vous, vous croyez, moi, je sais.» Il y a bien des formes d'intégrisme, y compris laïques.

Le syndrome de la bulle

Devant la complexité croissante et indéchiffrable de la cité pluraliste, l'avenir de plus en plus imprévisible et l'effondrement des cohérences d'hier, chacun se constitue une bulle bien à soi, intemporelle et hors du pays réel : bulle ésotérique ; bulle d'une spiritualité qui fait foi de tout ; bulle gnostique d'un savoir absolu irréfutable ; bulle narcissique d'une image de soi hypertrophiée comme seule identité ; bulle d'un imaginaire esthétique sans le moindre ancrage dans le réel.

Ce phénomène diversifié ne peut se réduire à des symptômes de maladie mentale ou à des substituts de sens qu'on ne trouve plus dans sa vie ou dans la société. Car il s'agit d'une des sources de décrochages de tous ordres, ou inversement d'un effet de l'anomie (absence de normes) et des éclatements sociaux privés et publics, politiques, moraux ou religieux. Sans compter l'importance qu'a prise le virtuel dans la révolution informatique et les technologies qui se substituent aux rapports humains face à face.

Même la culture de masse médiatique se substitue à la vraie réalité quotidienne de la vie et de la société. Est-il une bulle plus mystifiante que celle de ladite téléréalité ? On est loin du principe de réalité de Freud. Est-il bulle plus enfermante que la société spectacle ? Est-il bulle plus narcissique que le *star system* et le monde des médias quand ils deviennent un jeu de miroirs entre les acteurs eux-mêmes ? Il y a un étonnant silence sur ces dérives introjectées jusque dans le psychisme, la conscience et l'âme. Est-ce exagéré de penser qu'il y a là déshumanisation ?

La pensée unique à revisiter

Le repère critique de la pensée unique est devenu trop souvent un cliché fourre-tout, et même une coquille vide prête-à-penser! Il y a là-dessous une leçon d'histoire trop oubliée. Celle-ci nous enseigne que, dans les époques troublées, on a la tentation de sauter sur une seule corde comme sur une bouée. Dans un très beau texte intitulé «Entre l'arc et la lyre», une sage de l'Antiquité disait qu'en sautant sur une seule corde, on en fait souvent un arc à brandir devant l'autre, alors qu'avec plusieurs cordes on peut orchestrer les diverses dimensions de la vie et des rapports humains.

On peut faire plusieurs lectures de ce qui nous arrive en utilisant ce schème de compréhension.

— Il fut un temps en ce pays où tout était religieux. Puis on est passé au tout politique et de là au tout culturel, puis au tout économique. Avec raison, d'aucuns disent que nous entrons dans une nouvelle ère qui appelle des recompositions de ces dimensions constitutives de la société et de l'humanisme lui-même.

— Une deuxième lecture tient du paradoxe entre un individualisme qui fait de chacun un être unique, différent, d'une part et, d'autre part, un conformisme aux modes du jour, un mimétisme jamais avoué comme tel, une copie conforme qui n'a rien à envier à celle d'hier qu'on a pourtant dénoncée comme aliénation de la liberté individuelle.

— Une troisième lecture révèle un phénomène toujours vivace, à savoir ladite rectitude politique (*political correctness*), cette fausse universalisation d'une norme particulière qui ne laisse place à aucune distance critique, aucun débat, aucun autre possible. Tout le contraire de l'esprit démocratique qui se fonde dans la confrontation des différentes interprétations d'une même situation.

Normes et valeurs se conjuguent toujours au pluriel. On ne peut en absolutiser une seule. Il en va de même d'un droit particulier. On me dira que c'est là une évidence. Et pourtant comment nier les nombreuses pratiques de cette fausse rectitude qui, trop souvent, empoisonne le vivre ensemble au point de replier chacun sur lui-même? Et cela jusque dans la difficulté de dialoguer sur un nombre de sujets plus ou moins interdits. Étrange contradiction dans une société dite libre, ouverte, démocratique et tolérante.

— Une quatrième lecture est l'émergence de systèmes autoréférentiels qui rendent de plus en plus problématiques l'appartenance sociétaire et le débat démocratique. Ce que d'aucuns appellent le communautarisme, et d'autres, le corporatisme. On se rend compte présentement que les majorités tout autant que les minorités ont la tentation de s'ériger en systèmes autoréférentiels. De même les communautés culturelles, les Églises, le monde des affaires, les syndicats. De même les identités de sexe, de générations, de métiers et de professions.

Et cela, au moment où les enjeux les plus cruciaux appellent des solidarités sociétaires et planétaires. Le grand écart entre les replis particularistes évoqués plus haut et les requêtes d'un nouvel universalisme on ne peut plus existentiel est peut-être le plus grand défi d'aujourd'hui et de demain. Il serait dommage de penser que ce souci humaniste n'est qu'un vœu pieux ou une abstraction utopiste. Cela commence par la volonté de faire route ensemble. Et qui sait s'il n'y a pas là-dessous une question de foi commune en notre humanité d'abord, avec une espérance plus entreprenante. Toute posture de fatalisme dans ce contexte historique nous enfermerait dans une logique de mort.

Annexe II

Nouveaux impacts générationnels et revalorisation des filiations historiques

NOUS NE SOMMES PLUS dans une suite répétitive des générations avec les mêmes modèles d'attitudes et de comportements de base. D'où une plus grande possibilité chez les nouveaux venus d'apporter leurs propres touches culturelles et sociales. Mais déjà dans l'histoire occidentale de la modernité on avait noté cette inscription originale dans la société. Inscription souvent accompagnée d'un procès des prédécesseurs, et parfois d'une certaine rupture plus ou moins radicale. Cela a pu être vérifié autant au plan collectif qu'au plan individuel, particulièrement dans notre histoire récente au Québec. L'immense génération des baby-boomers a poussé très loin cette dynamique, avant d'être contestée à son tour par la génération suivante.

En deçà et au-delà des avatars de cette dramatique, il y a un phénomène historique et social plus positif qu'on n'ose le dire. Bien sûr, la référence générationnelle en est une parmi d'autres, mais elle a de multiples avantages pour comprendre ce qui nous arrive. D'abord, elle est un des rares lieux et liens sociaux qui s'inscrivent dans la durée, alors que presque tout se joue à court terme en politique, en économie et dans la plupart des rapports humains d'aujourd'hui. Et le fait qu'on ne puisse penser une génération sans les autres peut être une contribution au façonnement de solidarités de société.

S'agit-il de critique sociale, des études récentes en Amérique du Nord et en Europe de l'Ouest[1] ont souligné l'intersection des classes sociales et des rapports de générations. Pensons à l'émergence d'une nouvelle classe de pauvreté dans une large cohorte de l'enfance, et dans les nombreuses familles monoparentales. Autre phénomène social que celui d'une autre large cohorte de jeunes adultes qui vivent une mobilité sociale descendante (la première depuis la Deuxième Guerre mondiale). L'impact générationnel est on ne peut plus évident dans les déséquilibres démographiques. La baisse du nombre de travailleurs actifs par rapport aux retraités entraînera une importante baisse des revenus de l'État au moment où les dépenses de santé grimperont rapidement. Dans la génération sandwich (autour de la cinquantaine), on commence déjà à devoir soutenir des parents et grands-parents malades, des enfants et petits-enfants de conditions précaires ou de besoins financiers pour de longues études. Et puis il y a le phénomène grandissant d'aînés qui vieillissent et meurent seuls. Et sur un plan plus large, est-il un seul enjeu crucial qui n'ait pas de réfractions générationnelles, qu'il s'agisse de politiques sociales et de santé, d'emploi et de chômage, de fiscalité et de dettes collectives, d'investissements en éducation et d'enjeux environnementaux qui menacent l'avenir des générations qui suivent.

Tous ces problèmes qui concernent l'essentiel de la condition humaine peuvent paradoxalement inciter à de nouvelles solidarités de société. Il y va des cordes les plus sensibles de notre humanité. D'où la pertinence de parler ici d'un nouvel humanisme comme lieu fédérateur de ces enjeux dont plusieurs sont inédits. Il peut être utile de ressaisir ceux-ci sous l'angle différent de chacune des trois principales générations.

Les regards sont de plus en plus tournés vers le phénomène massif des aînés avec l'arrivée à la retraite de la plus grosse

---

1. Louis Chauvel, *Le destin des générations*, Paris, PUF, 1998.

génération, celle des baby-boomers. D'aucuns, avec raison, soulignent les inestimables apports possibles de la longévité accrue et de l'enrichissement humain, culturel et social que peut offrir celle-ci. C'est un «plus» pour la société, quand on pense à la vaste cohorte de retraités de 55 à 75 ans souvent en assez bonne condition de santé, avec une riche expérience de vie et des expertises précieuses à transmettre.

Mais on ne saurait minimiser les énormes besoins et défis du quatrième âge (80 ans et plus), souvent affecté par la maladie, la perte d'autonomie et le manque de soutien familial. Leur sort sera un profond test de vérité pour la qualité de l'humanisme nécessaire à cette nouvelle solidarité. Un humanisme qui ne pourra pas éviter des débats complexes et souffrants dont les signes avant-coureurs sont déjà présents, comme l'euthanasie, le suicide assisté, l'accès aux technologies médicales les plus avancées et les brouillages actuels des rapports à la mort.

Autant de questions qui débordent celles des humanismes d'hier. Tels ces nouveaux moyens technoscientifiques qui permettent d'intervenir dans les processus les plus fondamentaux de la vie. Comment discerner ici les progrès véritables et les dérives de l'instrumentalisation du corps humain, et même sa marchandisation. Un généticien disait récemment : «Je crains que nos recherches sur le génome humain ne débouchent sur sa brevétisation commerciale et sur Wall Street.» Est-ce que tout ce qui est faisable est toujours souhaitable ? Il peut arriver que ces nouveaux moyens deviennent une fin qui refoule les autres considérations d'humanité, de pertinence morale et sociale. Par ailleurs, se peut-il qu'une certaine sacralisation de la vie vienne contrecarrer le développement de moyens qui servent à la sauver ? Ces questions en débat seront de plus en plus fréquentes et nombreuses. Avec quel humanisme judicieux saura-t-on trouver les solutions les plus humaines ? Particulièrement au chapitre des situations limites de la vie et de la mort dans nos sociétés vieillissantes.

Mais il est une autre question qu'on ne saurait sous-estimer, à savoir une conception de la retraite comme décrochage bienheureux de la société. Dans cette foulée, on risque de se donner une mentalité de rentier plus ou moins réfractaire aux nouvelles responsabilités historiques des aînés. Il y aurait là une autre fracture sociale. Dans les débats récents auxquels j'ai participé, particulièrement dans les vastes «ensembles» de retraités constitués avec tous les services de base, comme des petites cités autosuffisantes dans la cité, il était difficile même de parler d'engagement hors les murs. Le nouveau phénomène des maisons intergénérationnelles ne semble pas faire le poids dans le monde des retraités. Là encore les requêtes humanistes se font aussi interpellantes.

Les générations dites actives seront moins nombreuses pour soutenir un nombre grandissant d'inactifs en amont et en aval de la société. Je sais que les deux termes actifs et inactifs sont ambigus, si on ne précise pas que le premier désigne le monde du travail organisé dans les entreprises et les services de la société; et le second, le monde adulte qui dépend du premier. Pensons à cette génération-sandwich que nous avons évoquée plus haut. Contre toute attente, la nouvelle donne socioéconomique en forcera plusieurs à prolonger leur vie active au travail, en plus de leurs charges familiales accrues. Les promesses politiques de baisses d'impôt pour délester un peu cette surcharge risquent d'être non tenues, sinon raréfiées. Il faut comprendre ici qu'il y aura aussi, peut-être, un choc grandissant entre ce nouveau contexte de précarité et les aspirations toujours vivaces d'une relative prospérité récente.

Dans les débats actuels, l'attention est surtout dirigée vers les aînés qui seront de plus en plus nombreux, et plus particulièrement vers les problèmes et les coûts de santé. Il est peu question de la génération-sandwich, encore silencieuse comme telle. Mais les dernières élections ont révélé des signes et des indices d'une possible révolte de ce qu'on a appelé les classes moyennes. Cette référence nomme peut-être mal ce qui tient vraisemblablement davantage d'un «effet de génération». Une génération du mitan de la vie de plus en plus coincée de diverses façons, comme nous venons de le voir. Il est sans doute trop tôt pour prévoir ses réactions futures, mais on peut quand même déjà constater que sa surcharge ne fait que commencer.

Encore ici, les critères politiques de gauche et de droite ne peuvent couvrir cet ensemble de problèmes fort complexes. Tout au plus, la nouvelle donne intergénérationnelle est un repère qui traverse presque tous les enjeux actuels et à venir. Dans les milieux d'aînés, on refuse avec raison d'être réduits au statut de fardeau pour la société. Mais s'il est des générations qui peuvent évoquer le «fardeau», c'est bien celles qui ont et auront à payer les déficits grandissants et accumulés de notre société. La génération-sandwich du mitan sait qu'elle est la première à en subir les contrecoups. Il y a tout un monde entre passer de la prospérité à l'austérité et passer de l'austérité à la prospérité, et les écarts grandissent entre les «prospères» et les «déclassés». Ce qui frappe de plein fouet l'humanisme démocratique de l'égalité des chances et les idéaux des droits humains fondamentaux. Encore ici, la référence générationnelle peut être porteuse d'un des soucis humanitaires les plus concrets et motivants, particulièrement à l'égard de l'avenir des jeunes générations.

De tous les sauts qualitatifs récents de la conscience, la *revalorisation de la filiation* est peut-être la fibre humaine la plus prometteuse pour relancer la foi en l'avenir, mieux s'inscrire dans la durée et travailler plus résolument à transmettre un monde plus viable et plus juste. Il y a là une logique de vie et d'espérance entreprenante. Je connais peu d'adultes et d'aînés insensibles aux enjeux de la transmission, aux inquiétudes des jeunes face à l'avenir de la vie sur Terre. Quand même des enfants se demandent si le monde va craquer avant qu'ils ne soient grands, on ne peut qu'être touché dans nos fibres humaines les plus sensibles. Combien de nos débats de tous ordres gagneraient à être ressaisis au regard de leurs impacts dans la conscience des jeunes ? Plus largement, cette question concerne plusieurs des pratiques d'adultes individuelles, sociales et politiques, nos styles de médias et de société. Comment peut-on s'attendre à ce que l'école transmette efficacement et pertinemment des valeurs qui sont peu ou mal vécues dans la société ? Dans les procès qu'on intente à l'école, on ne parle pratiquement jamais de ce problème crucial en éducation. Comment enseigner l'histoire aux jeunes, si l'on a discrédité et parfois déconstruit leurs propres filiations historiques ? J'ai entendu de jeunes adultes qui se demandaient ceci : «Nous sommes fils de quoi, au juste ?» Quels sont les impacts sur les jeunes consciences de ces discours disqualifiants sur la politique, la morale ou la religion ?

Pareilles questions concernent concrètement la plus ou moins grande qualité de l'humanisme qui circule comme matrice de sens et des pratiques de vie.

Heureusement et paradoxalement, ces déficits sont en train de provoquer un sursaut de conscience chez bien des adultes. Ils sont à la source d'une revalorisation de la filiation chez la génération des parents «copains» et des grands-parents, et des jeunes adultes qui marquent une reprise de la natalité. Comme si on ressaisissait les choses de la vie à leur racine première. Même les sensibilités nouvelles aux problèmes d'environnement retentissent dans le souci humaniste des autres assises de la vie et des liens sociaux les plus fondamentaux.

Dans notre recherche sur les générations contemporaines, la plus belle surprise, nous l'avons trouvée chez des jeunes adultes qui ont développé un étonnant tonus moral, même après avoir été passablement «gâtés» au cours de leur enfance et de leur adolescence, même après avoir vécu dans une famille dite «dysfonctionnelle». Plusieurs d'entre eux ont résolument traversé des «passes difficiles» dans leurs études et les conditions précaires de leur inscription dans le monde du travail.

D'où venait donc cette dynamique de vie, de résilience inattendue? De quoi était-elle un signe prometteur? Était-ce un nouvel humanisme qui se démarquait des valeurs molles de la pop-psychologie et d'un certain climat défaitiste actuel? Avec de fortes sensibilités aux graves enjeux environnementaux et sans les crispations et les ressentiments du procès de la Grande Noirceur d'hier. Plutôt quelque chose en eux de ce que Erikson appelait la confiance fondamentale. Et qui sait, il y a peut-être là une autre preuve de cette capacité de rebondissement de l'être humain dont témoigne l'histoire?

Tout cela peut nous faire penser que notre société vieillissante a besoin d'une jeunesse saine, pugnace dans ses idéaux et ses engagements, bien éduquée... pour nous éviter de sombrer dans une mentalité de rentiers qui présiderait aux choix collectifs d'aujourd'hui et de demain. C'est peut-être là où se loge la priorité des priorités... et les requêtes d'un nouvel humanisme dont certains jeunes donnent les signes avant-coureurs.

On me dira que ces propos sont bien idéalistes. Le pessimisme actuel vaut-il mieux? N'est-ce pas chez ces jeunes qui conjuguent l'avenir au présent, qu'on peut d'abord trouver une foi et une espérance entreprenantes, à tout le moins une forte motivation pour ne pas démissionner? Le regain actuel des filiations peut se traduire par une mémoire plus positive des chemins parcourus, la vision d'un présent autre que celui d'intérêts immédiats à satisfaire et une foi plus résolue en l'avenir pour redonner horizons de vie et de sens à nos défis d'aujourd'hui. Je pense ici à saint Augustin qu'on dit précurseur de la conscience moderne, qui invitait à renouveler sans cesse le présent du passé, le présent du présent et le présent de l'avenir. Cela fait aussi partie du nouvel humanisme à construire. Nous sommes tous concernés. Et j'ajoute : nous sommes ce qui nous survit. Est-il repère plus signifiant dans le tournant historique actuel de la vie sur Terre et de l'humanité ?

Dans cette foulée, la revalorisation des filiations historiques déborde et dépasse les enfermements identitaires, si tant est qu'on lui reconnaisse un défi commun aux peuples, aux cultures, aux religions et à l'avenir de la famille humaine.

Tables des matières

Ce livre a été imprimé au Québec en août 2007
sur du papier entièrement recyclé
sur les presses de Marquis imprimeur